"ESTAS DOCTRINAS ENSEÑO": GUÍA DE ESTUDIO PARA LAS *OBRAS DE WESLEY*

Instituto de Estudios Wesleyanos

Grabado de Juan Wesley, por William Bromley (1791).
Cortesía del British Museum.

"ESTAS DOCTRINAS ENSEÑO": GUÍA DE ESTUDIO PARA LAS *OBRAS DE WESLEY*

Celsa Garrastegui y William Jones

Instituto de Estudios Wesleyanos

Auspiciado por

Compaginación: Mario Carrasco
Diseño de portada: Wes Garman / Ana Lilia Fernández Arriaga

Para información y más recursos en español, comunicarse con:
El Instituto de Estudios Wesleyanos
www.estudioswesleyanos.org
instituto@estudioswesleyanos.org

Para información general, comunicarse con:
The Wesley Heritage Foundation, Inc.
www.wesleyheritage.org
hello@wesleyheritage.org

AGRADECIMIENTOS

Para la primera edición:

La Wesley Heritage Foundation expresa su profunda gratitud por la generosidad de The Sherman Fund de la Conferencia de Florida de la Iglesia Metodista Unida, en particular el Instituto de Predicación y su Director, el Dr. Gene Zimmerman, por su contribución al costo de la traducción y edición de este volumen de las Obras de Wesley a la gloria de Dios.

Para la segunda edición:

La Wesley Heritage Foundation y el Instituto de Estudios Wesleyanos reconocen con gratitud el apoyo generoso de la Escuela de Divinidades de Duke University, en particular su Casa Hispana de Estudios, para llevar a cabo la revisión de esta segunda edición de las Obras de Wesley.

CONTENIDO

Presentación

Pocas tareas en la vida me han producido tanta satisfacción como la edición de *Las Obras de Juan Wesley* en cas-
tellano. Aunque fue indudablemente un trabajo que muchas
veces hubiera preferido no tener que hacer, lo cierto es que el
proceso mismo del trabajo editorial, de comparar traduccio-
nes con el texto original, de buscar la mayor exactitud posible
en cada traducción, me hizo conocer a Wesley mucho mejor de lo que hasta entonces pude conocerle. Y mientras más
le conocí, más le admiré y más me percaté de cuánto le debo
a su obra y su inspiración. Luego, la primera recompensa de
aquella obra fue el hecho mismo de hacerla y, en hacerla, llegar a conocer mejor a Juan Wesley; y al conocer mejor a Wesley, conocerme mejor a mí mismo y la tradición cristiana en
que me formé.

La segunda recompensa ha venido esporádica, pero
frecuentemente. En docenas de bibliotecas, y en centenares
de estudios de pastores y pastoras por todo el hemisferio, me
he topado repetidamente con *Las Obras de Juan Wesley,* y alguien me ha dado testimonio de la importancia que la lectura de esas *Obras* ha tenido en su vida. Recuerdo, por ejemplo,
el caso de un pastor en una pequeña población cubana. En su
estudio no tenía más que una Biblia, media docena de otros
libros y los 14 tomos de *Las Obras de Juan Wesley.* Cuando
hablamos acerca de su ministerio, me contaba cuánta inspiración había derivado de los sermones de Wesley, de las experiencias que cuenta en sus *Diarios* y de la historia de los
orígenes de las «sociedades metodistas».

Empero, aquel mismo pastor, en medio de su entusiasmo, me contaba cuán difícil se le había hecho leer *Las Obras*

de Juan Wesley sin un guía que le dijese por dónde comenzar o cómo organizar sus lecturas. Aquel joven, persona excepcionalmente estudiosa, sencillamente estaba leyendo las *Obras,* como comúnmente se dice, «de tapa a tapa», un volumen tras otro, sin mayor explicación acerca de lo que leía que las brevísimas introducciones a cada volumen o sección. Cuando le conocí iba por el tomo XI y se proponía, tan pronto completase la lectura del tomo XVI, volver a empezar por el I.

Aquella conversación me dio mucho que pensar. Ciertamente, aquel pastor era una persona excepcional. Pero ¡cuántas otras personas habría cuyo estudio de Wesley se frustraba por falta de guía o consejo!

Fue al regresar de ese viaje que me puse en contacto con la Wesley Heritage Foundation, que había costeado la edición de los catorce tomos de *Las Obras de Juan Wesley,* con un urgente llamado a producir una «Guía de estudio» que ayudase a quienes, como varios de los amigos y colegas de aquel pastor, tienen interés en conocer más del pensamiento y la vida de Juan Wesley, pero ante la magnitud de los catorce tomos de las *Obras* no saben por dónde empezar, cómo organizar sus lecturas ni cómo ponerlas en su contexto debido.

Con gran beneplácito, me enteré de que la fundación misma había llegado a conclusiones semejantes, que había comenzado el proceso de diseñar la «Guía de estudio» y de buscar quién la escribiese.

Esa búsqueda dio magníficos frutos en el matrimonio compuesto por William Jones y Celsa Garrastegui. Ambos habían trabajado ya en la traducción de las cartas de Wesley y largos años de experiencia entre wesleyanos latinos les capacitaban excepcionalmente para la tarea. Con amor y entusiasmo, estos dos hermanos se lanzaron a la obra, y en brevísimo tiempo han producido la magnífica «Guía de estudio» que ahora lanzamos a la luz pública. He leído el manuscrito con interés y cuidado, y mientras más lo leo, más me entusiasma. Se trata verdaderamente de una guía y no de un resumen. Con hábil sabiduría, los hermanos Garrastegui y Jones nos invitan a leer no sencillamente su libro, sino los escritos mismos de Wesley. Sus introducciones a cada tema ayudarán al lector a colocar lo que ha de leer en el contexto debido. Y las preguntas para reflexión y discusión que aparecen al final de cada sección le ayudarán a ver algo de la pertinencia del pensamiento de Wesley para nuestros días y nuestros pueblos.

Démosle entonces gracias a los hermanos Jones y Garrastegui, a la Wesley Heritage Foundation y, sobre todo, al Dios de Wesley, quien es también el Dios nuestro, por la publicación de esta breve pero importante obra, cuyos frutos se multiplicarán en los años venideros y cuyos resultados verán las generaciones futuras.

Justo L. González
Editor de *Las Obras de Juan Wesley*
Decatur, Georgia, EE. UU.
Abril de 2002

Prefacio

El título de esta guía de estudio, *Estas doctrinas enseño*, es una forma abreviada tomada de una cita del primer párrafo del Prefacio a los *Sermones* de Juan Wesley: «*Toda persona seria que estudie estos sermones verá muy claramente cuáles son las doctrinas que sontengo y enseño como esenciales para la verdadera religión*».

Surgió esta guía como resultado de una invitación que nos extendió el Dr. L. Elbert Wethington, presidente de la junta de la Wesley Heritage Foundation, Inc., editores originales de *Las Obras de Juan Wesley*. Agradecemos al Dr. Wethington su amabilidad, como también sus conocimientos en el área de los estudios wesleyanos y su experiencia en la publicación de un manuscrito. Extendemos nuestro agradecimiento al Dr. Justo L. González, autor de la «Presentación» a esta guía de estudio, y por sus sugerencias y valiosa ayuda durante el tiempo que trabajamos como traductores de las *Cartas* incluidas en los tomos XIII y XIV de *Las Obras de Juan Wesley*.

Por muchos años la vida y el pensamiento de Wesley han sido motivo de continuo interés para nosotros. Gran parte de lo presentado en este estudio es resultado de la preparación de cursos para el Seminario Evangélico de Puerto Rico, el Curso de Estudio de Verano en el seminario teológico Garrett-Evangelical, en Evanston, Illinois, y el Seminario Evangélico de Teología en Matanzas, Cuba. Esta guía le debe mucho a nuestros cinco meses de residencia en Inglaterra, donde pudimos visitar muchos de los lugares en que vivió y trabajó Wesley y llevar a cabo una investigación sobre su pensamiento.

Damos las gracias, especialmente, a Anagilda Garrastegui por su ayuda en la revisión y corrección final de nuestro trabajo. Esperamos que esta guía de estudio sirva de ayuda a todas las personas que deseen conocer más sobre las enseñanzas doctrinales de Juan Wesley, tan relevantes todavía en este siglo XXI como lo fueron en el siglo XVIII, porque reflejan el eterno mensaje de la Biblia.

Damos gracias a Dios, que nos ha dado la oportunidad de confrontarnos una vez más con el Evangelio y reflexionar sobre su significado en nuestras vidas.

William A. Jones
Celsa Garrastegui
Miami, Florida
Marzo de 2002

Introducción

Las Obras de Juan Wesley en 14 tomos, publicadas en 1998, han sido un gran evento en el mundo de habla hispana. Traducidas al español por primera vez, la amplitud de los escritos de Juan Wesley podrá ser ahora apreciada por los estudiosos de habla española. Esto no sólo será de gran interés para aquellas iglesias que pertenecen a la tradición wesleyana, sino también para aquellas que reclaman a Wesley como uno de sus antecesores espirituales. No todo lo que Wesley escribió ha sido traducido. *Las Obras de Juan Wesley* es una selección de sus escritos más importantes.

A través de varios meses, un equipo de 18 traductores de diferentes partes de América Latina y América del Norte trabajaron para convertir estos documentos, escritos originalmente en el inglés del siglo XVIII, en un español moderno. El proyecto fue auspiciado por la Wesley Heritage Foundation, bajo la dirección del Dr. L. Elbert Wethington. El Dr. Justo L. González, editor general, dirigió la Junta Editorial y guio a los traductores en el cumplimiento de sus reponsabilidades. Los primeros seis tomos fueron publicados en 1996 y los ocho restantes, en 1998.

La riqueza del material presentado en *Las Obras de Juan Wesley* podría intimidar a una persona que recién comienza sus estudios sobre la vida y pensamiento de Wesley, porque las ideas de Wesley sobre una materia específica están usualmente esparcidas a través de los 14 tomos, lo que complica considerablemente el estudio de esas ideas. Esta guía de estudio constituye, por lo tanto, un intento por responder a las necesidades de los lectores, ayudándoles a extraer los principales temas e ideas wesleyanos, entender la forma en que éstos se relacionan unos con otros y ayudarles a encontrar los documentos claves relacionados con cada tema.

Paréntesis, números y abreviaturas

A continuación ofrecemos al lector cierta información técnica que le será de ayuda para entender el significado de los paréntesis, números y abreviaturas usadas en la guía de estudio.

Cada tomo de *Las Obras de Juan Wesley* tiene un número romano y un título. Por ejemplo, *Tomo VI. Defensa del metodismo,* o *Tomo VIII. Tratados teológicos.* Así, en esta guía de estudio, en las citas utilizamos los números romanos para referirnos a los tomos. Inmediatamente después aparece el número de la página donde se encuentra el material citado correspondiente a ese tomo. Estos números aparecen en paréntesis: por ejemplo, (II.25) quiere decir que nos referimos al material en el tomo II y la página 25, o (VII.36-39), al tomo VII, páginas 36 a la 39.

Ocasionalmente nos hemos visto en la necesidad de citar algún material que no aparece en *Las Obras de Juan Wesley* y hemos traducido estos pasajes directamente de la tercera edición en inglés, *The Works of John Wesley,* conocida como la edición Jackson. Estos pasajes serán identificados también entre paréntesis: por ejemplo, (*Works.* Jackson ed. VIII.227), que quiere decir que el material citado es una traducción de la página 227 del tomo VIII de *The Works of John Wesley,* en la edición de Jackson. Las citas bíblicas usadas en nuestro texto vienen de la versión «Reina Valera Revisada» de 1960.

Wesley también utilizó números arábigos y romanos en casi todo lo que escribió. Esto se refleja en la presentación lógica de su material. A veces numeraba cada párrafo o grupos de ellos en números arábigos desde el 1 hasta terminar el documento, como en el ensayo sobre *El carácter de un metodista,* el cual contiene 18 párrafos numerados, además de los cuatro párrafos de la introducción. En la lista de lecturas sugeridas que aparece en cada sesión de estudio citamos a menudo diferentes párrafos de un documento; por ejemplo, *El carácter de un metodista, 1-3* se refiere a los primeros tres párrafos numerados del ensayo que siguen a la introducción (V.16-18).

Wesley dividía las secciones básicas de sus ensayos, especialmente sus sermones, utilizando números romanos y luego subdividiendo cada sección en párrafos numerados con números arábigos. Citaremos de estos documentos utilizando los números romanos y los arábigos; por ejemplo, *Sermón 1. La salvación por la fe. II.2-3,* indica que el número II es la segunda sección del sermón y los números 2 y 3, el segundo y el tercer párrafo de esa sección. En la lista de lecturas sugeridas añadimos también el tomo y el número de la página en paréntesis: *Sermón 1. La salvación por la fe. II.2-3* (I.29-31).

Muchos de los títulos de los documentos son largos; por lo tanto, usamos abreviaturas en algunos, especialmente en aquellos que se repiten a menudo.

Lista de las abreviaturas:

-Notas:	*Notas al Nuevo Testamento*
-Los principios explicados:	*Los principios de un metodista, mejor explicados*
-El sermón en la montaña:	*Sobre el sermón de nuestro Señor en la montaña*
-Un informe claro:	*Un informe claro sobre el pueblo llamado metodista*

-*Un llamado ferviente:*   Un llamado ferviente
a personas razonables
y religiosas

-*Un nuevo llamado:*   Un nuevo llamado
a personas razonables
y religiosas

Divisiones básicas de los 14 tomos

Los 14 tomos están divididos en nueve unidades básicas. Este detalle es importante porque ayudará a entender el orden que hemos utilizado en ellos. Cada unidad contiene material que es parecido en forma o contenido. Por ejemplo, los sermones de Wesley aparecen en una unidad, selecciones de su diario en otra y la selección de cartas en otra más. Otras unidades recogen su pensamiento relacionado con tópicos tales como la forma en que las sociedades metodistas originales eran organizadas o sus tratados teológicos más importantes. Cada una de las nueve unidades básicas está precedida por una *Introducción* escrita por el editor general, Dr. Justo L. González, la cual nos ayuda a comprender mejor el material presentado en esa unidad.

Las nueve unidades básicas en las cuales los 14 tomos de *Las Obras de Juan Wesley* están divididas son las siguientes, con la indicación de las páginas donde se encuentra la introducción a cada unidad:

-*Sermones.* Tomos I al IV. *Introducción*   (I.5-18)

-*Las primeras sociedades metodistas.* Tomo   (V.5-13)
V. *Introducción*

-Defensa del metodismo. Tomo VI. (VI.5-10)
Introducción
-La vida cristiana. Tomo VII. *Introducción* (VII.5-12)
-Tratados teológicos. Tomo VIII. (VIII.5-19)
Introducción
-Espiritualidad e himnos. Tomo IX. (IX.5-10)
Introducción
-Notas al Nuevo Testamento. Tomos IX y X, (IX.309-310)
Introducción
-Diarios. Tomos XI y XII. *Introducción* (XI.5-12)
-Cartas. Tomos XIII y XIV. *Introducción* (XIII.5-9)

Otras ayudas de estudio en los 14 tomos

Además de las introducciones a cada una de las unidades que hemos mencionado, hay otras ayudas de estudio que también debemos mencionar. Al final de la mayoría de las páginas aparecen dos clases de **notas al calce**. Las primeras son referencias bíblicas que Wesley tenía en mente, consciente o inconscientemente, al momento de escribir el texto y que han sido identificadas por los traductores y el editor. Las otras notas al calce son para proveer información al lector. Fueron escritas por los traductores o el editor para clarificar referencias históricas hechas por Wesley (que no están explicadas en su texto) o para definir algún término usado por Wesley que pudiera no estar muy claro para el lector actual.

En esta segunda edición de *Las Obras de Juan Wesley,* al final de cada tomo se incluye un **índice** que será de gran utilidad para el lector y en el que aparecen en orden alfabético los nombres de las personas mencionadas en el tomo y los tópicos mas importantes. Por ejemplo, si el lector quiere saber dónde encontrar las enseñanzas de Wesley sobre «justificación», deberá buscar esa palabra en el respectivo índice. Casi todas las referencias a este tema en cada tomo aparecerán aquí.

La guía de estudio

Nuestro propósito en esta guía de estudio es presentar las ideas de Juan Wesley relacionadas con la doctrina cristiana; por lo tanto, no vamos a trabajar con todo el material contenido en los 14 tomos. Estará dividida en capítulos que llamaremos «sesiones». Es nuestra esperanza que tanto individuos motivados por su propio interés o pequeños grupos de personas separen algún tiempo para reflexionar sobre las enseñanzas básicas de Wesley. Esto deberá llevarse a cabo en determinadas sesiones de estudio. Las ideas de Wesley están organizadas aquí alrededor de las categorías tradicionales de los estudios de la teología sistemática, desde una perspectiva cristiana protestante. La teología sistemática es la disciplina que estudia e intenta identificar las doctrinas básicas de la fe cristiana y ver cómo ellas se entrelazan para formar una totalidad consistente. Cada sesión tratará uno o más temas relacionados con lo que Wesley tiene que decir acerca de las doctrinas básicas cristianas. Hemos hecho todo lo posible para dejar que Wesley hable por sí mismo, y hemos tratado de identificar sus ideas más importantes y su estilo de organización con la mayor objetividad posible. Al final del estudio, hemos incluido dos apéndices: el primero tiene que ver con algunas de las controversias doctrinales más importantes para Wesley y el segundo es un listado de eventos biográficos importantes en la vida de Wesley.

En cada uno de los capítulos o sesiones que siguen el bosquejo es igual. Primero que nada presentamos un resumen de las ideas de Wesley sobre el tema específico. En segundo lugar recomendamos que se lean por lo menos tres o cuatro documentos básicos de los que se encuentran en los 14 tomos y que representen en forma convincente la opinión de Wesley sobre el tema. También hay sugerencias para hacer otras lecturas y una lista de tópicos para buscar en el **índice** de cada tomo. Hay, en tercer lugar, una serie de preguntas para reflexionar, las cuales se proponen ayudar al lector a concentrar sus ideas en los tópicos bajo discusión. Estas preguntas están diseñadas para clarificar lo que Wesley enseñó y aborda el tema de lo que estas enseñanzas podrían significar para nosotros hoy en día.

Sugerencias para el estudio en grupo o individual

Individuos o grupos que quieran seriamente estudiar lo que Juan Wesley enseñó acerca de la doctrina cristiana pueden hacerlo utilizando los 14 tomos de *Las Obras de Juan Wesley* junto con esta guía de estudio. Una persona interesada en hacer estos estudios podría hacerlo en la privacidad de su hogar. Los grupos podrán hacerlo utilizando las facilidades de sus iglesias locales o en las casas de aquéllos interesados en participar. Ya que hay nueve sesiones de estudio, cada iglesia podría planificar una serie de estudios sobre Juan Wesley que podría llevarse a cabo en el curso de nueve semanas, reuniéndose por una hora y media o dos horas cada semana. El material contenido en algunas de las sesiones es más abundante que en otras, lo que ameritaría más de una sesión para hacerle justicia a cada tema. Tomar en serio las enseñanzas de Juan Wesley implica dedicación y tiempo para estudiarlas. Cada persona o grupo deberá dedicarles el tiempo necesario, sin apuros, para que puedan llegar a comprender el profundo significado de lo que Wesley está diciendo, especialmente en lo que sus enseñanzas puedan significar para nuestras vidas presentes. Es aconsejable que cada sesión de estudio comience con un devocional corto. Podrían utilizarse algunos de los himnos escritos por Juan y Carlos Wesley y lecturas de uno de los pasajes bíblicos que Juan Wesley utiliza en el documento asignado para ese día. Si algunos de los documentos son sermones, podrían leerse en voz alta aquellos pasajes que él usa como base para su mensaje. El devocional debe siempre terminar con una oración al Señor pidiendo que guíe al grupo o a la persona en su entendimiento del estudio y les permita llegar a las conclusiones correctas.

La primera parte del estudio que se desee llevar a cabo deberá incluir un tiempo dedicado a comprender lo que Wesley dice sobre las doctrinas a estudiarse. Sería bueno que todos los miembros del grupo leyesen con anticipación la sección **Un resumen de las ideas de Wesley** que aparece al principio de cada sesión en la guía de estudio y los tres o cuatro documentos sugeridos en la sección **Primeras lecturas** que han sido seleccionadas de los 14 tomos. Si el grupo completo no puede prepararse en esta forma, un miembro del grupo debería asumir la responsabilidad de prepararse para hacer una presentación corta del material. Esta asignación podría dividirse entre dos o tres personas del grupo.

La segunda parte del estudio deberá dedicarse a reflexionar sobre lo que dice Wesley. En esta parte, las preguntas que aparecen en **Preguntas para reflexión y discusión** les serán de gran ayuda. Si el estudio se hace de forma individual, la persona podría en esta parte llevar su propio diario, escribiendo las reflexiones y conclusiones a las cuales llega, algo que Juan Wesley siempre hizo. Las preguntas podrían ser utilizadas como guía. Si el grupo de estudio es grande, sería conveniente dividirlo en grupos pequeños, donde cada grupo tome una o dos preguntas como guía para reflexionar. La actividad en grupos pequeños podría durar 15 minutos y, al término de este tiempo, todos los grupos podrían reunirse en asamblea, donde una persona de cada grupo presentaría las conclusiones a las cuales llegaron luego de reflexionar sobre las preguntas sugeridas. Si el grupo inicial no es suficientemente grande como para dividirse, podrían discutirse y contestarse las preguntas proveyendo oportunidad para que todos participen. La persona que dirige deberá garantizar la participación de todos. Los últimos cinco minutos de la sesión deberán dedicarse a la asignación de lectura para el próximo encuentro y a determinar la hora y el sitio de la próxima reunión. La sesión de estudio deberá terminar con oración.

Sesión 1: La teología práctica

Las primeras dos sesiones se dedicarán a lo que se conoce en la teología sistemática como la «metodología teológica» de Juan Wesley. Nuestro estudio se propone destacar la importancia que daba Wesley a la teología, la clase de teología que le interesaba y las fuentes y los criterios que utilizó para desarrollar su teología de una manera correcta. Existe una idea popular incorrecta que sugiere (o afirma) que el metodismo no tiene una teología definida y que en la tradición wesleyana una persona puede creer cualquier cosa. Esto es un error, y aunque es cierto que Wesley enfatizó la libertad de pensamiento, esto hay que verlo dentro del contexto total de su proyecto teológico.

Un resumen de las ideas de Wesley

La salvación por la gracia

La esencia de la teología de Wesley es la salvación por la gracia. Fue éste su concepto clave y lo que determinó la totalidad de su pensamiento y escritura. Su propia experiencia le llevó a pensar que esto era el corazón del mensaje bíblico. La gracia era, para él, la gracia del Dios Trino, lo que esencialmente significaba dos cosas: favor y poder. Esto lo podemos explicar de la siguiente manera: Dios, por medio del sacrificio de su hijo Jesucristo, devuelve a los seres humanos su favor divino y mediante el poder del Espítiru Santo restaura su imagen dentro de sus corazones. Tanto el favor como el poder se convierten en realidad por conducto de la fe. Según estudiemos los diferentes aspectos de la teología de Wesley, deberemos recordar que todos ellos apuntan hacia, y reflejan, esta realidad.

La prioridad de la doctrina

El 25 de junio de 1744, cerca de cinco años después del comienzo del avivamiento evangélico en Inglaterra, Juan Wesley invitó a un grupo de cinco ministros anglicanos y cuatro predicadores laicos para hablar sobre la misión que Dios les había encomendado. Entre los ministros anglicanos estaba su hermano Carlos. Esta reunión fue la primera de lo que ha venido a conocerse entre los metodistas como la Conferencia Anual, que se continúa llevando a cabo desde entonces. En estas conferencias anuales se discuten una serie de preguntas sobre las que los asistentes tomarán decisiones pertinentes. En la Conferencia Anual de 1744 las primeras preguntas tuvieron que ver con la enseñanza y el ministerio de predicación del movimiento metodista. Se discutieron tres preguntas:

1. *Qué enseñar.*
2. *Cómo enseñar.*
3. *Qué hacer: o sea, cómo reglamentar nuestra doctrina, disciplina y práctica* (*Works.* Jackson ed. VIII.275).

Las *Actas* de las conversaciones de 1744-1747 se conocen como las «actas doctrinales» y demuestran cuán importante era para Wesley el contenido de la enseñanza y de la predicación ministerial. A pesar de que se discutieron otras preguntas, la prioridad número uno para esta primera conferencia anual, y las de los años siguientes, fue trabajar para normalizar esa agenda. Existe un segundo grupo de actas conocidas como «las actas largas», que datan desde 1774 hasta 1789 y tienen que ver mayormente con preguntas sobre cómo llevar a cabo la organización del movimiento. Pero estas preguntas no tuvieron la prioridad expresada en las tres preguntas originales de 1744 citadas anteriormente. La tercera pregunta de la primera agenda sobre la reglamentación del movimiento continuó siendo la tercera y no la primera pregunta, ya que la función de la organización es la de apoyar la enseñanza y la predicación de la verdad que es necesaria para la salvación.

En el *Prefacio* a la primera edición de sus *Sermones*, escritos en 1747, Wesley escribe:

> *«Los sermones que siguen contienen lo esencial de lo que he aprendido durante los últimos ocho o nueve años. Durante ese tiempo he hablado frecuentemente en público sobre cada uno de los temas que se encuentran en esta colección, y no sé de punto doctrinal alguno sobre el cual hablé formalmente en público que no se encuentre expuesto aquí ante todo lector cristiano —si no a propósito, al menos incidentalmente—. Por lo tanto, toda persona seria que estudie estos sermones verá muy claramente cuáles son las doctrinas que sostengo y enseño como esenciales para la verdadera religión»* (I.19).

De igual manera, en el próximo párrafo él habla de *«las verdades que son necesarias para la felicidad presente y futura»*. Las frases *«punto doctrinal alguno»* y *«doctrinas que sostengo»*, al igual que el uso de la palabra *«doctrina»* en la tercera pregunta de la primera conferencia anual y en otros sitios, nos indican que la doctrina cristiana era uno de los temas más importante para Wesley.

En el siglo XVIII se usaba la palabra «divinidad» para referirse a la palabra «teología», y en su época Wesley era un experto en esta disciplina. Sus estudios en Oxford y su avidez para la lectura lo capacitaban para trabajar en diferentes campos del conocimiento, como la filosofía y la teología especulativa y apologética. Supo defenderse hábilmente por escrito respondiendo a las críticas de algunos de los líderes religiosos más prominentes de Inglaterra (véase algunos de estos documentos en el tomo VI de las *Obras*). Fue capaz de participar en debates sobre temas de teología histórica y ocasionalmente escribió importantes ponencias teológicas como consecuencia de sus controversias teológicas públicas (véase el tomo VIII de las *Obras*). Sin embargo, su prioridad mayor era la doctrina cristiana: descubrir lo que esto significaba, entender su estructura y ver cómo todos sus elementos se entrelazaban. Antes que nada, él se consideraba un evangelista, un pastor, un maestro. Para él, esta doctrina cristiana era la misma que aparecía en el *didache ton apostólon, «la doctrina de los apóstoles»* (Hch. 2.42). Este pasaje, que aparece en los Hechos de los Apóstoles en el Nuevo Testamento, menciona la doctrina de los apóstoles como una de las cuatro características más importantes de la iglesia primitiva.

La divinidad práctica

Una de las áreas de prioridad para Wesley dentro de la doctrina cristiana era la parte que él llamaba **divinidad práctica.** Ésta es la teología que trata directamente con el problema de cómo una persona se convierte al cristianismo y de cómo permanece siendo un cristiano. Esto tiene que ver solamente con aquellas verdades que son necesarias para la salvación. Las otras dos ramas de la divinidad de las que Wesley habla son especialmente la **divinidad especulativa** y la **divinidad controversial**. Sólo ocasionalmente trata la divinidad especulativa, que es la que tiene que ver con aquellos misterios que podrían ser ciertos pero los cuales no son necesarios para entender la existencia diaria del cristiano. Esta clase de divinidad especulativa está incluida junto con la divinidad práctica en muchos de los himnos que Carlos Wesley y él escribieron. También trató sobre

la divinidad controversial en artículos que escribió rechazando aquellas enseñanzas que distorsionaban las verdades
que eran necesarias para la salvación, y en el *Apéndice 1* al
final de nuestro estudio presentaremos algunas de sus pu-
blicaciones sobre este tema. Pero su mayor énfasis fue sobre la divinidad práctica, la cual apunta hacia aquellas cosas
que el cristiano corriente debe experimentar. Refiriéndose a
sus sermones publicados, dijo lo siguiente: «*Me he esforzado por describir la religión verdadera, bíblica, y de la experiencia, sin omitir nada que sea parte real de ella, y sin
añadir lo que no lo sea*» (1.21).

La necesidad para esta divinidad práctica, según Wesley, surge del estado de urgencia de la situación humana. Todas las personas nacen espiritualmente muertas en este mundo
y se van moviendo hacia una muerte física. Si no ocurre un
cambio en sus vidas, se moverán hacia la muerte eterna. Wesley habla de sí mismo y de su propio sentido de necesidad en
el párrafo siguiente:

> «*Pienso que no soy sino criatura de un solo día, que
> pasa por la vida como una flecha que surca el aire.
> Soy espíritu que viene de Dios y regresa a Dios, y que
> entre tanto flota sobre el gran abismo, hasta que en
> breve ya no se me vea. ¡Una gota que cae en la eterni-
> dad inmutable! Sólo una cosa deseo saber: cómo lle-
> gar a salvo a esa costa feliz*» (I.20).

En última instancia, sólo hay una cosa necesaria: encontrar el camino al cielo. En realidad, todo lo demás es se-
cundario. Encontrar ese camino al cielo es el propósito central
de la doctrina cristiana de Wesley. Literalmente hablando,
cómo ayudar a las personas a encontrar la fe que salva es la
pregunta de vida o muerte, y ésta es la verdadera razón del
porqué la teología es práctica.

La doctrina es un sistema

A pesar de que Wesley no fue un teólogo sistemático que consolidara todas las doctrinas más importantes de la fe cristiana en una sola obra, como lo fue Tomás de Aquino para la Iglesia Católica Romana o Felipe Melanchthon para los luteranos o Juan Calvino para las iglesias reformadas, aun así hizo teología sistemática. Él creía que la fe cristiana era un gran sistema y pudo haberlo delineado como tal, pero lo que escribió sobre el tema lo hizo esporádicamente, respondiendo a las necesidades del avivamiento. Concentró su atención en aquellas cosas que el cristiano necesitaba saber y experimentar para poder ser auténtico. Aun a esta parte la llamó un *«sistema de doctrina»*, y esta idea la explica en una carta: *Carta al Reverendo Dr. Conyers Middleton*, escrita el 4 de enero de 1748:

> *«El segundo punto a ser considerado es ¿qué es el cristianismo real, genuino? Ya hablemos de esto como una experiencia fundamental de la persona o como un esquema o sistema de doctrina.*
>
> *El cristianismo, si lo miramos desde el segundo punto de vista, es ese sistema de doctrina que describe el carácter que citamos anteriormente, que me promete que puedo llegar a poseer ese carácter (siempre y cuando no descanse hasta obtenerlo) y que me indica cómo obtenerlo»* (*Works.* Jackson ed. X.72).

El carácter que el sistema describe es lo que quiere decir la palabra **religión**. La religión no es primordialmente un grupo de creencias o maneras de adorar. Es principalmente *«la vida de Dios en el alma humana»*. Es la *«santidad de corazón y vida»*. Es un principio interior, la mente que estaba en Cristo, la restauración de la imagen perdida de Dios en el alma. Quiere decir amar a Dios y a todas las criaturas, y sus manifestaciones externas son abstenerse de todo mal y hacer el bien a toda persona. Uno de sus versículos bíblicos favoritos para describir lo anterior lo fue Romanos 14.17, *«porque el reino de Dios no es comida ni bebida sino justicia, paz y gozo en el Espíritu Santo»*. Wesley describía a menudo estas características. Uno de sus ensayos más conocidos es *El carácter de un metodista* (V.15-28).

Este sistema de doctrina también nos dice cómo podríamos alcanzar esta realidad. Estamos describiendo aquí la naturaleza humana, cómo Dios quiere que ésta sea y el proceso por el cual tienen que pasar las personas para poder llegar a esta meta. Éste es el tema principal de la Biblia y la llave de la hermenéutica de Wesley; su «clave» para entender toda la Biblia es lo que él llamó la **analogía de la fe** (la frase *«analogy of faith»* usada por Wesley en inglés es una traducción literal del texto en griego de Romanos 12.6). Junto con la verdadera fe cristiana, el Espíritu Santo provee la habilidad para entender el significado básico del libro. Hablando sobre el verdadero significado de la religión, Wesley dice: *«Está presente en la Biblia de principio a fin, como un hilo conductor. La manera en que cada una de las partes concuerda con las demás es precisamente la analogía de la fe»* (III.398). En otro lugar dice: *«¡Qué pocos saben lo que el cristianismo significa! ¡Qué pequeño el número de los que tienen alguna noción de la analogía de la fe! Muy pocos saben que todas las verdades contenidas en las Escrituras están conectadas y relacionadas entre sí»* (IV.297).

Las verdades que pertenecen al sistema bíblico básico no son muchas. Wesley a menudo nos dice cuáles son, usualmente en ensayos sobre la historia del metodismo que mencionan el contenido de sus predicaciones originales, o en ensayos que por naturaleza son apologéticos, en los que explica el contenido de su predicación para el público, o en pasajes donde simplemente expone el contenido de la analogía de la fe. A continuación citamos dos de sus mejores ejemplos: *«Los puntos en los cuales insistimos principalmente eran cuatro. En primer lugar, que la <u>ortodoxia</u>, o sea las opiniones correctas, es, en su mejor expresión, una parte muy reducida de la religión; que la religión no consiste en <u>negativas</u> o en algo simplemente inofensivo ni meramente en actitudes <u>externas</u>, tales como hacer el bien, o en utilizar los medios de gracia o en obras piadosas o de caridad. Que es nada menos, o distinto, que <u>el sentir que hubo en Cristo Jesús</u>, la imagen de Dios estampada en el corazón, rectitud interna asistida con la paz de Dios y el gozo en el Espíritu Santo. En segundo lugar, que el único camino bajo el cielo hacia la religión es <u>arrepentirse y creer en el evangelio</u> o, según el Apóstol, el arrepentimiento para con Dios y fe en nuestro Señor Jesucristo. En tercer lugar, que por esta fe quienes <u>no obran, sino creen en aquel que justifica al impío</u>, son <u>justificados gratuitamente por su gracia mediante la redención que es en Cristo Jesús</u>. Y el último que, siendo <u>justificados por la fe</u>, anticipamos el cielo al cual iremos; somos santos y felices; pisoteamos el pecado y el temor y nos sentamos <u>en los lugares celestiales con Cristo Jesús»</u>* (V.218).

«Primero mencionaré cuáles son estas doctrinas, para luego considerar las objeciones en su contra. Pues bien, todo lo que enseño tiene que ver con la naturaleza y condición de la <u>justificación</u>, la naturaleza y condición de la <u>salvación</u>, la naturaleza de la fe que salva y justifica, o sea sobre el Autor de la fe y de la salvación» (VI.75).

Al leer estas citas y muchas otras nos damos cuenta de que las doctrinas básicas del sistema tienen que ver con lo que en la teología sistemática se conoce como «soteriología», la doctrina de la salvación. Hemos indicado anteriormente que la esencia de la teología de Wesley es la realidad de la salvación por la gracia, y éste es el concepto clave que guía todas sus enseñanzas. Sus doctrinas esenciales tienen que ver con la condición humana, o sea la realidad del pecado original; el Dios Trino que responde a esta necesidad a través de la persona y obra de su Hijo, Jesucristo, y la venida del Espíritu Santo; la realidad y los estados de gracia que guían a los seres humanos a salir del pecado y les llevan hacia la salvación; la necesidad del arrepentimiento y la fe que lleva a la justificación y la santificación del pecador.

Estas doctrinas están todas interrelacionadas por una lógica interna. Si la realidad clave es la salvación por la gracia, el sistema doctrinal describe el proceso que normalmente utiliza Dios para que esto suceda en los seres humanos, y en este sentido ésta es la lógica de la experiencia cristiana. En otro sentido, es la lógica de la analogía de la fe. Es el proceso que se describe en la Biblia. Wesley se refiere a este proceso en una de sus imágenes favoritas, **el camino**: *«Sólo una cosa deseo saber: el camino al cielo; cómo llegar a salvo a esa costa feliz. Dios mismo se ha dignado mostrar el camino. Para eso fue que vino desde el cielo. Lo ha escrito en un libro. ¡Dadme ese libro! ¡A cualquier precio, dadme el Libro de Dios!»* (I.20). En la carta de Pablo a Los Romanos encontramos una breve presentación de estas mismas ideas y en el mismo orden. Wesley afirma esto en sus *Notas*, Rom. 1.16: *«Así como Pablo resume en esta epístola el evangelio, así resume la epístola en este versículo y el siguiente»* (X.89). En sus *Notas*, Rom. 6.18, Wesley presenta un pequeño bosquejo de las ideas de Pablo (X.107) que son muy parecidas a las suyas. En el *Sermón 43* de Wesley, escrito en 1765, encontramos tal vez la mejor presentación sistemática de sus ideas. Refleja su madurez en cuanto a las ideas sobre *«el camino»: El camino de la salvación según las Escrituras* (III.89-106). Esto es lo que en teología sistemática se llama el «orden de la salvación». La idea no era original de Wesley, pero él la hace suya y la describe con una maravillosa sensitividad. Preservaremos este orden en nuestras futuras sesiones bajo los encabezamientos de la gracia anticipante, la gracia convincente, la gracia justificadora, la gracia santificadora y la glorificación.

Dos distinciones importantes

Según fue realizando su trabajo teológico, Wesley concentró su atención en dos distinciones muy importantes. La primera es la distinción entre las **doctrinas esenciales** y las **opiniones**. Hay ciertas doctrinas que son indispensables a la fe cristiana porque el verdadero cristianismo no podría ser posible sin las realidades que ellas describen. Wesley también las llama *«fundamentos»* doctrinales o *«básicos»*. Son verdades de *«mayor importancia»*. La doctrina de la Trinidad es un buen ejemplo. Lo que Dios ha escogido revelarnos aquí es algo que todo el mundo debería creer porque *«está en la raíz de toda religión vital»* (III.335, 342). La doctrina del pecado original es otro ejemplo. En su época, Wesley defendió esta doctrina ante los deístas por considerarla como la base de toda la revelación bíblica y como *«el punto fundamental que diferencia al paganismo del cristianismo»* (III.121).

Existen otras doctrinas de importancia secundaria que una persona piadosa puede aceptar, pero que no destruyen la raíz de la fe. A éstas Wesley las llama *«opiniones»: «Usted ha expresado admirablemente bien lo que quiero decir por una opinión, en contraste con una doctrina esencial. Lo que es "compatible con el amor a Cristo y una obra de gracia" lo llamo una opinión»* (XII.180). A menudo, cristianos sinceros difieren en sus opiniones religiosas y algunas veces esto causa divisiones denominacionales. Al principio, las sociedades metodistas eran lugares donde gente con diferentes opiniones podían coexistir:

> *«Otra circunstancia más que caracteriza a los que se llaman metodistas son los términos establecidos para que una persona sea admitida en su sociedad. No se les impone ningún tipo de opinión, sea que crean en la redención particular o general, en decretos absolutos o condicionados; sean gente de iglesia o disidentes, presbiterianos o independientes, como tampoco puede ser motivo para obstaculizar su admisión el que practiquen un modo u otro de culto»* (V.392).

En su ensayo *El carácter de un metodista*, párrafo 1, Wesley es muy claro en la distinción que hace entre una doctrina fundamental y una opinión. También está claro que su frase *«pensamos y dejamos pensar»* solamente se refiere a las opiniones:

> *«Las marcas distintivas de un metodista no son sus opiniones sobre cualquier asunto. Su aprobación de tal o cual esquema de religión, su aceptación de cualquier conjunto de nociones, su adhesión a un juicio sobre otros seres humanos, son todos elementos muy alejados del tema. Quien, por lo tanto, imagine que un metodista es una persona de tales o cuales opiniones, revela una gran ignorancia sobre toda la cuestión, tergiversando totalmente la verdad. Creemos, ciertamente, que toda Escritura es producida por inspiración de Dios, y en esto nos distinguimos de los judíos,*

de los turcos y de los infieles. Asimismo, creemos que esta Palabra de Dios escrita es la única y suficiente norma para la fe y la práctica cristiana, y es en esto que nos distinguimos fundamentalmente de la Iglesia de Roma. Creemos que Cristo es el Eterno y Supremo Dios, lo que también nos diferencia de los socinianos y los arrianos. Pero, en cuanto a las opiniones que no atacan los fundamentos del cristianismo, "pensamos y dejamos pensar". De manera que, sean lo que sean, ciertas o equivocadas, no constituyen "marcas distintivas" de un metodista» (V.16-17).

A pesar del hecho de que Wesley tenía sus propias y firmes *«opiniones»* religiosas, sus enseñanzas se concentran en aquellas doctrinas esenciales a la vida cristiana.

La segunda distinción importante que Wesley hace es entre **el hecho** de que una doctrina es verdadera y la **manera** o el **cómo** es verdadera. Dios ha revelado muchos hechos que son verdaderos, pero no ha revelado el cómo éstos son así. Esto se aplica a los grandes misterios de la fe. Sabemos, por ejemplo, el hecho de que Dios es el Dios Trino, pero no sabemos cómo esto es verdad. Sabemos que Dios creó el mundo, pero no sabemos cómo lo hizo. Creemos que *«el Verbo se hizo carne»,* pero la forma en que esto sucedió es un misterio. En ninguno de estos casos estamos obligados a creer cualquier teoría que trate de explicar el proceso, porque ese proceso no ha sido revelado. Muchas controversias religiosas y persecuciones podrían evitarse si los cristianos observaran esta distinción. Wesley mismo no siempre se adhería a sus propias distinciones, pero sí tenía, por ejemplo, una teoría sobre cómo la Biblia fue inspirada, o cómo la muerte de Cristo se convierte en expiación de nuestros pecados. En términos generales, sin embargo, evitaba hacer especulaciones sobre cómo los grandes misterios de la fe que están más allá de la experiencia directa del creyente cristiano son verdaderos. Wesley evitaba especular en estos casos no solamente porque dichos misterios no nos han sido revelados, sino también porque tal información no es esencial para la salvación. Por otra parte, él describirá en detalle la experiencia de salvación presente que se lleva a cabo en el creyente cristiano.

El espíritu católico

El pensamiento teológico de Wesley está permeado por lo que él llama, en el *Sermón 39. El espíritu católico* (III.1-19). Esto no se refiere a la Iglesia Católica Romana sino a la aceptación universal de todas las personas que son verdaderas cristianas. Su actitud de tolerancia hacia la libertad de *«opiniones»,* contenida en la expresión *«pensamos y dejamos pensar»,* es una consecuencia directa de este espíritu católico. En el *Sermón 39* Wesley explica que la diferencia de opiniones es el resultado inevitable de nuestra debilidad y limitada comprensión. Cometer errores es parte de lo que significa ser un ser humano. El espíritu católico es un espíritu humilde que reconoce que nadie puede estar seguro de que la totalidad de sus opiniones puedan ser verdaderas. Cada persona está sujeta a la ignorancia y al prejuicio. Cada persona sabia, por lo tanto, les permitirá a otras la misma libertad de pensamiento que deasearía para ella misma. Esto mismo era lo que practicaba el propio Wesley cuando discutía con la gente sobre las opiniones religiosas. Esto también fue práctica usual para la gente que participaba en las sociedades metodistas: *«Sólo se requiere una condición: un profundo anhelo de salvar su alma. Si existe esto, es suficiente y no se desea ni se enfatiza nada más. La única pregunta que hacen es ésta: "¿Es recto tu corazón como el mío? Si lo es, dame la mano"»* (V.392).

Esa contestación demuestra cuál es el significado del amor cuando se trata del pensamiento teológico, aun cuando la pregunta tenga que ver con las doctrinas esenciales. Wesley trató siempre con un gran respeto a las personas que lo criticaban, y sus argumentos eran casi siempre dirigidos al tema en discusión y nunca a la persona que lo presentaba. Un buen ejemplo sobre esto fue el comentario de Wesley en relación con William Law. Law había sido una persona muy influyente en la vida de Wesley cuando éste era joven, pero había llegado a negar la justicia y la ira de Dios contra el pecado. Por eso Wesley comenta: *«Yo amo y tengo un gran respeto por esta persona; la doctrina la aborrezco totalmente; entiendo que es totalmente subversiva a la esencia misma del cristianismo»* (*Works.* Jackson ed. IX.480).

Wesley como teólogo

Para Wesley, como hemos visto, el propósito de la teología era principalmente el descubrimiento de la doctrina cristiana para que ésta pudiera ser enseñada. Los temas básicos destacados por él y la manera en que se relacionan unos con otros habían sido descubiertos por teólogos anteriores a Wesley, por lo que no podemos decir que esto fue su extraordinaria contribución al pensamiento cristiano. Como sacerdote de la Iglesia de Inglaterra, aceptó su teología y en muchas ocasiones dijo que él enseñaba lo que estaba escrito en los documentos básicos de la Iglesia. Consideraba el surgimiento de los metodistas como algo promovido por Dios, en parte para reformar la Iglesia y hacerla volver a sus fuentes primarias. Según Wesley, la intención de Dios era *«no la formación de una nueva secta, sino reformar la nación, particularmente la Iglesia, y esparcir la santidad bíblica sobre la tierra»* (*Works.* Jackson ed. VIII.299).

Hay, no obstante, una particularidad en la forma en que Wesley formuló su teología. En primer lugar admiramos su habilidad para comunicar estas enseñanzas a la gente común. Su meta era ofrecer una *«verdad sencilla a la gente sencilla»* y esto lo logró desarrollando una teología popular. Aceptó conscientemente la decisión de hablar y escribir para que la gente común pudiera entenderle y tuvo la capacidad de explicar términos teológicos formales en un lenguaje fácil.

Una segunda particularidad de la teología de Wesley era la convicción de que sus doctrinas básicas podían convertirse en experiencias personales mediante la intervención del Espíritu Santo. Por eso su doctrina podía ser significativa para las personas comunes, porque suponía que pudiesen sentir lo que las doctrinas decían. Parte del genio de Wesley, entonces, era su habilidad para describir este proceso.

Muchos eruditos han dicho que la particularidad de Wesley descansa en su habilidad para reunir en una síntesis creativa el énfasis protestante basado en la justificación por la fe y el énfasis católico romano sobre la santificación. Wesley mismo pensaba de igual manera. Habló de la gran confusión que existía en ambas partes sobre estas doctrinas básicas. *«Pero quiso Dios dar a los metodistas un conocimiento claro y cabal de cada una de ellas y de la enorme diferencia que existe entre una y otra»* (IV.238). La forma en que Wesley unifica ambos conceptos como etapas en el camino hacia la salvación personal es verdaderamente admirable.

Wesley demuestra su independencia como pensador a través de su descripción de cómo él lleva a cabo su teología. En los párrafos 4-6 del *Prefacio* a su colección de los *Sermones* (I.20-21) nos habla de ello. Su intención era olvidar todo lo que hasta entonces había leído para concentrarse en los sentimientos de su corazón, siguiendo su propia cadena de pensamientos. Se aparta a solas con Dios y con la Biblia. Lee el sagrado libro para encontrar el camino al cielo. Si surge alguna duda en cuanto a la claridad del significado, ora a Dios pidiendo sabiduría. Trata de usar pasajes que considera claros para interpretar el significado de los pasajes que no lo estaban. Concentra todo su poder racional para entender el texto. Si todavía tiene alguna duda en cuanto al significado del texto, consultará con personas de probada experiencia cristiana y los textos de escritores ya fallecidos. *«Lo que así aprendo, eso enseño».* Él no quería dar por seguro lo que le habían enseñado, sino que llegaría a sus propias conclusiones usando la Biblia, los libros escritos por otros anteriormente, la experiencia viva como testigo y sus poderes racionales. Ésas fueron las fuentes y criterios para hacer su labor teológica. En la próxima sesión volveremos a hablar sobre esto con más detalle.

Documentos para lectura y reflexión

Los documentos que aparecen bajo el encabezamiento **Primeras lecturas** pueden ser usados lo mismo para un estudio individual que para un estudio de grupo. La segunda lista contiene las **Lecturas adicionales**. También puede consultar el *Índice* al final de cada tomo.

Primeras lecturas

-Sermones. Prefacio	(I.19-23)
-Sermón 55. Sobre la Trinidad	(III.333-344)
-Sermón 39. El espíritu católico	(III.1-19)
-El carácter de un metodista	(V.15-28)

Lecturas adicionales

-Sermón 21. El sermón en la montaña I. Int. 3	(II.3-4)

-*Sermón 38. Una advertencia contra*   (II.381-400)
  el fanatismo
-*Sermón 63. La expansion del mensaje*   (IV.7-8)
  del evangelio. 13
-*Sermón 122. El porqué de la ineficacia*   (IV.296-297)
  del cristianismo. 6
-*Los principios explicados. V.4*   (V.190-191)
-*Una breve historia del metodismo. 10*   (V.265-266)
-*Pensamientos sobre el metodismo*   (V.379-383)

Véanse también las siguientes lecturas del *Índice* al final de cada tomo. Busque bajo los siguientes tópicos que aparecen en orden alfabético:
-*amor (sección «esencia de la religión»)*
-*analogía de la fe*
-*cielo (sección «camino hacia»)*
-*«espíritu católico», «pensar y dejar pensar»*
-*metodismo (sección «doctrina»)*
-*opiniones religiosas*
-*religión*
-*salvación (sección <u>ordo salutis</u>, latín para el orden de la salvación)*
-*tolerancia religiosa*

Preguntas para reflexión y discusión

1. Para Wesley, la decisión sobre lo que predicaría y enseñaría era una de sus prioridades más importantes. ¿Cuán importante es para usted lo que predica y enseña en su iglesia? ¿Por qué?
2. El ministerio de Wesley se caracterizaba por un sentido de urgencia: la gente podría perderse para siempre si no

venían a Dios en Cristo. ¿Existe este sentido de urgencia en su ministerio o en el de su iglesia? Explique cómo es.

3. ¿Cuál es la diferencia entre la teología «práctica», la «especulativa» y la «controversial» (o «apologética»)? El énfasis de Wesley era en la teología práctica. ¿Cuál es el énfasis de usted?

4. Para Wesley, el corazón de la Biblia es la descripción del camino hacia la salvación (ordo salutis), el cual usualmente tiene algunas etapas definidas. ¿Cuáles son estas etapas? ¿Son correctas estas enseñanzas? ¿Cuáles son sus propios énfasis teológicos? ¿Cuáles son los de su iglesia?

5. Una de las distinciones de Wesley tenía que ver con la diferencia entre una «doctrina esencial» y una «opinión». ¿Cuál es la diferencia? Él creía que la mayoría de las controversias dentro del cristianismo tenían que ver con las opiniones. ¿Está usted de acuerdo con él? ¿Cuáles son algunas de esas opiniones?

6. En el siglo XVIII, Wesley fue un pionero de lo que llamamos hoy ecumenismo. Hoy en día este término, ecumenismo, tiende a ser positivo para unos y negativo para otros. La frase de Wesley para el término ecumenismo fue «espíritu católico». ¿Qué quiso decir él con esto? ¿Cuál cree usted debería ser la base de nuestra fraternidad cristiana con todas las denominaciones?

Sesión 2: Las fuentes del conocimiento cristiano

Un resumen de las ideas de Wesley

El problema del conocimiento cristiano y de sus fuentes era de gran importancia para Wesley, ya que consideraba que el conocimiento correcto de Dios y de las cosas de Dios, así como el conocimiento de uno mismo, eran esenciales para la salvación. Wesley llamó a esto el problema del *«entendimiento»*. Entender algo es la base sobre la cual una persona puede ejercer su voluntad y hacer una elección o llevar a cabo la acción correcta. Una persona puede decidir sobre un problema y actuar sobre éste si lo entiende. En la teología de Wesley, el asunto del entendimiento de las cosas es una prioridad. Wesley pensaba que si en la experiencia de relaciones humanas uno necesita saber algo sobre otra persona antes de iniciar una relación con ella, de igual manera nos sucede con Dios: sólo podemos llegar a amarle si llegamos a conocerle íntimamente. Lo mismo sucede con la noción de arrepentimiento: uno no puede arrepentirse de sus pecados hasta que no entiende cuán seria es su situación. Y una vez una persona se hace cristiana, deberá continuar atenta a su condición para poder corregir los problemas que continuamente puedan surgir.

Alcanzar el conocimiento necesario para la salvación es un asunto muy serio, porque este conocimiento es opacado por el poder del pecado. Los seres humanos nacen espiritualmente ciegos. Si Dios no les provee este conocimiento, no hay esperanza de que puedan adquirlo por ellos mismos. Pero, por medio de su gracia divina, Dios nos permite obtener este conocimiento a través de la revelación: *«Dios mismo se ha dignado mostrar el camino. Para eso fue que vino desde el cielo. Lo ha escrito en un libro. ¡Dadme ese libro! ¡A cualquier precio, dadme el Libro de Dios!»* (I.20). Jesucristo es el gran revelador y la Biblia es el lugar donde podemos conocerle. La promesa de la ayuda del Espíritu Santo a todo creyente está activa aun al principio del proceso de salvación. Y esto es así porque uno de los grandes ministerios del Espíritu es ayudar a las personas a obtener el conocimiento necesario para eliminar la ceguera espiritual. Al comenzar la búsqueda de las fuentes del conocimiento cristiano que Wesley reconoce, damos por sentado que el proceso de la revelación y el ministerio del Espíritu Santo son parte de la base de su teología.

Según Wesley, hay cuatro grandes fuentes de ayuda para comprender el conocimiento cristiano. Estas guías son: las Escrituras, la razón, la antigüedad cristiana y la experiencia. Hoy en día llamamos tradición al término *«antigüedad cristiana»*. Las primeras tres son las normas que la Iglesia de Inglaterra exigía para escribir sobre teología. A estas tres Wesley añadió la «experiencia», término que él había adoptado de los pietistas alemanes. Algunos metodistas modernos llaman a estas cuatro guías el «cuadrilátero wesleyano». Wesley a menudo menciona juntas las Escrituras y la razón. Algunas veces añade la experiencia y otras veces la antigüedad cristiana (tradición): *«Nosotros probamos la doctrina que enseñamos por la Escritura y por la razón; y si es necesario por su antigüedad»* (VI.357). Uno de sus ensayos más largos lleva el siguiente título: *La Doctrina del pecado original según las Escrituras, la razón y la experiencia* (*Works*, Jackson ed. 192). Ofreceremos en las páginas que siguen un bosquejo sobre las ideas más importantes de Wesley relacionadas con cada una de estas guías.

Las escrituras

Dios mismo nos enseña el camino al cielo y lo ha dejado escrito en un libro, la Biblia. Wesley dice que su propia intención fue ser *«homo unius libri»*, el hombre de un solo libro (I.20). Este deseo comenzó alrededor del año 1730, cuando era estudiante en la Universidad de Oxford y pertenecía al Club Santo. El propósito de los miembros de este club era: *«su único deseo era el de ser cristianos bíblicos manifiestos, tomando la Biblia como su sola y única regla, tal como la interpretaban la iglesia primitiva y la nuestra»* (V.264). Esto fue siempre la intención de Wesley: *«Mi fundamento es la Biblia. Sí, soy un fanático de la Biblia. La sigo en todas las cosas, en las grandes y en las pequeñas»* (XII.188). Dos de sus términos favoritos para referirse a la Biblia son *«la ley y el testimonio»* (Is. 8.20) y *«Los oráculos de Dios»* (siguiendo la traducción en inglés de Ro. 3.2 y He. 5.12).

Mucho de lo que Wesley tiene que decir sobre la Biblia se encuentra en 2 Timoteo 3.16-17: *«Toda la Escritura es inspirada por Dios, y útil para enseñar, para redargüir, para corregir, para instruir en justicia»*. En las *Notas*, en el *Prefacio*, párrafo 10, Wesley dice sobre la Biblia:

«Esto es lo que ahora llamamos Santa Escritura. Ésta es la palabra de Dios que permanece para siempre, de la cual, aunque perezcan el cielo y la tierra, ni una iota ni una tilde pasará. Luego la Escritura del Antiguo Testamento y el Nuevo Testamento es un sistema sólido y preciso de verdad divina. Toda porción de ella es digna de Dios, y toda ella es un solo cuerpo, sin defecto ni exceso» (IX.313).

Toda la Escritura está inspirada por Dios. Wesley presentaba una doctrina que hoy en día llamaríamos «inspiración verbal». El impulso divino, o la inspiración del Espíritu

Santo, suspende las facultades naturales de los escritores bíblicos, que al ser activados por el poder de Dios *«hablaron»* solamente *«como eran llevados por el Espíritu Santo».* Por lo tanto, toda la Escritura es infaliblemente verdadera. No hay errores en ella, porque si algún error es permitido, esto debilitaría la autoridad de la Biblia completa.

La Biblia es la palabra de Dios en forma escrita y es la única regla a seguir tanto en la fe como en la práctica. La Escritura provee, confirma y aumenta la verdadera sabiduría, y es la norma a usarse para distinguir entre el bien y el mal. El cristiano necesita toda la Biblia cuando Dios está trabajando en su espíritu, algunas veces para despertarlo, otras para instruirle, consolarlo o hacerle de nuevo. Para Wesley, la Biblia es la única base de la doctrina y está abierto a correcciones relacionadas con las enseñanzas que él imparte, siempre y cuando lo convenzan de que está equivocado y presenten pruebas claras provenientes de las Escrituras.

Toda la Escritura es inspirada, pero algunas partes están más claras que otras. Tres pasajes en particular contienen el corazón de la revelación bíblica. El primero es el capítulo 13 de 1 Corintios, por su clara descripción del amor. El segundo es La primera carta de Juan. Wesley llama a esta carta *«la parte más profunda de las Sagradas Escrituras»* (XII.184). El tercero es el Sermón en la montaña, al cual se refiere como *«el resumen de toda verdadera religión»* (II.8), porque nos presenta la pintura más completa de la naturaleza de la santidad, sin la cual nadie podrá ver al Señor. Ésta es la religión genuina de Jesucristo. La importancia que Wesley da al Sermón en la montaña se refleja en el hecho de que en sus propios *Sermones 21-33* se dedica a explorar en detalle su significado. A estos tres pasajes debemos añadir el libro de Romanos, donde encontramos la clave para entender la analogía de la fe.

A Wesley le interesaba grandemente que cada cristiano pudiera leer y entender la Biblia. Se preocupaba especialmente por la gente del pueblo y pensaba que deberían tener algunas ayudas sencillas pero adecuadas para ayudarles en el estudio de la Biblia. Para llenar esta necesidad, publicó sus *Notas al Nuevo Testamento* (1755) y, diez años más tarde, sus *Notas al Antiguo Testamento*. El texto bíblico fue publicado completo y a menudo en traducción hecha por el propio Wesley, acompañado por una serie de notas al calce explicando el significado de los versículos más importantes. En *Las Obras de Juan Wesley* incluimos solamente las *Notas al Nuevo Testamento*, sin el texto bíblico (tomos IX y X). Wesley utilizó como base para sus comentarios aquellos trabajos realizados por otras personas, sintiéndose en libertad de acortar y corregir. Utiliza un lenguaje sencillo e ideas resumidas expresadas en oraciones cortas, con el propósito de trasmitir el sentido literal de cada versículo y cada oración. Para Wesley, la lectura de la Biblia es un medio de gracia por el cual el mismo Espíritu Santo que inspiró a los escritores bíblicos obrará en los creyentes para ayudarles a entender lo que leen. La palabra viva de Dios trabajará con la persona de acuerdo con sus necesidades.

La razón

Juan Wesley vivió en el siglo XVIII, el llamado siglo de las luces. No era fácil ser cristiano en la Inglaterra de este tiempo. Muchos de los intelectuales de la época eran escépticos o deístas, que sustituían la fe evangélica por una religión racional. Algunos de los defensores del cristianismo adoptaron la tendencia racional de sus oponentes. Otros rechazaron el uso total de la razón por considerarla incapaz de coexistir con la fe. Wesley trató de encontrar un término medio entre estos dos extremos. Optó por no darle un valor excesivo a la razón, pero tampoco desestimarla, reclamando a la razón como un instrumento del Espíritu Santo. Desarrolló un entendimiento verdaderamente evangélico sobre el uso de la razón. Wesley mismo fue una criatura de su época. Poseía un temperamento distintivamente racional. Durante sus años en la Universidad de Oxford se convirtió en un conferenciante de lógica experto en debates en esa materia. Aceptó las ideas del filósofo griego Aristóteles y hasta publicó un manual sobre lógica. Posteriormente, estos conocimientos lo ayudaron a desenmascarar las mentiras que sus críticos y oponentes publicaban en contra de él. Escribió tan claro y consistente como pudo. Si leemos detenidamente sus sermones, podemos darnos cuenta de cuán bien organizado está el material alrededor de unos pocos y claros puntos y de cómo numera cada sección y subsección para guiar la atención del lector. En sus dos mejores trabajos apologéticos, dirigidos a *«personas razonables ("men of reason") y religiosas»*, enfatiza que el cristianismo es una religión racional (VI.11-378). En los debates filosóficos de su tiempo sobre cómo el ser humano llega a conocer las cosas y cómo puede estar seguro de que este conocimiento es correcto (epistemología), Wesley se acerca a los empiristas ingleses. Tuvo un interés especial por John Locke, quien enseñó que los seres humanos nacen sin ideas «innatas», contrario a lo que decían los racionalistas como René Descartes. Todo conocimiento, según Locke, es producto de la experiencia: *«No hay nada en el entendimiento que no haya sido percibido primero por los sentidos»*. Locke, quien defendía una forma de racionalismo cristiano, incluía la revelación como un conocimiento que llegaba al ser humano desde afuera. Wesley estaba de acuerdo con esto, pero añadía que la lógica de Aristóteles era la mejor opción porque describía cómo el proceso del pensamiento humano trabaja para asegurarse un conocimiento correcto.

Para Wesley, el cristianismo es una *«religión verdaderamente racional»* porque está a tono con la razón eterna o la verdadera naturaleza de las cosas. La naturaleza de Dios es racional y el universo, según él lo creó, tiene una estructura racional. La razón humana fue creada para reflejar, en parte, la naturaleza de Dios y para entender la relación entre los seres humanos y Dios y la relación de los seres humanos entre sí. (VI.22, 24). Esta relación fue en parte dada en la *«ley moral»: «Si analizamos la ley de Dios desde otro punto de vista, veremos que es la razón suprema e inmutable; la rectitud inalterable; la cualidad eternal* (eternal fitness) *de todas las cosas que son o han sido creadas... es una copia de la mente eterna; una transcripción de la naturaleza divina»* (II.312-313).

Siguiendo las ideas de Aristóteles, Wesley da la siguiente definición de la razón en los seres humanos:

«Otro significado similar es que la razón es como el <u>*entendimiento*</u>*. Es una facultad del alma humana; esa facultad que se ejerce a través de tres formas —por una percepción simple, por un juicio y por el discurso—.* <u>*Percepción simple*</u> *es apenas concebir una cosa en la mente; el acto mas simple del entendimiento y el primero.* <u>*Juicio*</u> *es la determinación de que las cosas concebidas están de acuerdo con o se diferencian unas de otras.* <u>*Discurso*</u>*, hablando estrictamente, es la noción o progreso de la mente de un juicio a otro. La facultad del alma que incluye estas tres operaciones es lo que yo quiero decir por el término* <u>*razón*</u>*». Sermón 70. El caso de la razón considerada imparcialmente (Works.* Jackson ed. VI.353).

Los juicios forman las premisas desde donde los movimientos de un juicio a otro pueden llevarse a cabo. Las premisas más importantes se llaman *«axiomas»*, las cuales no pueden ser probadas pero se aceptan implícitamente como obvias. El discurso, especialmente, es la habilidad de poder inferir una cosa de otra y poder llegar a conclusiones que antes no habían sido entendidas. La lógica es una ciencia necesaria que provee las reglas para guiar el proceso del razonamiento, ya que la percepción humana es propensa a la imprecisión, los juicios falsos y los discursos indeterminados y débiles.

Los seres humanos tienen muchos problemas para razonar adecuadamente porque son seres limitados y porque el poder del entendimiento es distorsionado por el pecado. Los problemas del cuerpo pesan sobre el alma y dificultan sus facultades naturales. Pasiones desordenadas controlan el proceso del pensamiento. Wesley a menudo cita el siguiente dicho en latín: *«humanum est errare et nescire»* (errar y desconocer es humano). Estas limitaciones humanas, de las que nadie está exento, deberían ayudarnos a comportarnos con humildad y a comprender y aceptar a aquellas personas cuyas opiniones son diferentes a las nuestras.

La razón funciona muy bien en situaciones de la vida diaria. Es de gran valor en todas aquellas cosas relacionadas con el mundo actual, a pesar de que aún en este nivel hay un sinnúmero de cosas que los seres humanos no entienden. Pero, cuando se trata del verdadero conocimiento de Dios y de las cosas de Dios, incluyendo el conocimiento de uno mismo, la razón natural carece de la capacidad para llegar a ese conocimiento, porque los sentidos espirituales, que son semejantes a los sentidos físicos, han sido desactivados por el pecado. No hay forma natural de penetrar el velo que existe entre los seres humanos y el mundo espiritual, porque ese mundo no puede ser percibido por medio del razonamiento humano natural. La mayoría de las personas no dedican tiempo a pensar sobre Dios, pero algunas sí lo hacen. Aunque existe cierto conocimiento natural de Dios por parte de la gente, ese conocimiento solamente sirve para condenarles, porque ni aun poseyéndolo responden a este conocimiento limitado. Entonces, cuando empiezan a preguntarse quién es este Dios realmente y qué es lo que Él espera de ellos, la razón natural les es insuficiente y las respuestas resultan siempre erróneas. Cuando no hay una comprensión genuina, las premisas resultan erróneas, así como las conclusiones derivadas de ellas.

La experiencia cristiana rompe este velo de ignorancia. Los sentidos espirituales se activan y la misma fe provee la comprensión necesaria para conocer a Dios y las cosas de Dios. Cuando una persona nace de nuevo por el poder del Espíritu Santo, el proceso completo del razonamiento se redime. La comprensión se aclara; las premisas resultan correctas y las conclusiones, verdaderas, y surge especialmente una armonía en concordancia con la Biblia. Sin embargo, la razón redimida todavía se encuentra limitada y todavía el pecado enturbia sus capacidades. Los cristianos todavía cometerán errores, pero no en el área de la doctrina esencial. La razón redimida, aunque limitada, les permitirá todavía comprender todo lo necesario para la salvación y actuar de manera apropiada.

La intención de Wesley era la de encontrar un término medio entre sobrevalorar en demasía a la razón o desestimarla por completo. Las limitaciones, según él, de la razón sirven para llevarnos a la humildad, la fe y la resignación, pero una razón redimida puede entender las cosas más importantes de la fe y construir sobre esas bases:

«Ustedes no promueven la causa de Dios cuando intentan excluir la razón de la religión. A menos que us-

tedes quieran cerrar sus ojos, no pueden sino ver la importancia de la razón en el establecimiento de la verdadera religión bajo la dirección del Espíritu de Dios y en realzar la superestructura. Ustedes pueden ver cómo nos dirige en cada punto, tanto en el de la fe como en el de la práctica: nos guía con respeto hacia toda rama tanto interna como externa de la santidad. ¿No nos gloriamos en esto, que toda nuestra religión es un "servicio razonable"? ¿Sí, y que toda parte de esto, cuando se hace bien, es el ejercicio más grande de nuestro entendimiento?».

Igualmente, permítanme añadirle unas pocas palabras a ustedes, los que le adjudican un valor exagerado a la razón. ¿Por qué tienen ustedes que correr de un extremo al otro? ¿No es el justo medio la mejor forma? Dejen que la razón haga todo lo que pueda hacer: úsenla hasta donde puedan. Al mismo tiempo, reconozcan que es totalmente incapaz en darles fe o esperanza o amor y, por consiguiente, de producir virtud real o felicidad sustancial. Esperen esto de una fuente superior, del mismo Padre de los espíritus de toda carne. Busquen estas cosas y recíbanlas no como si las hubiesen adquirido ustedes mismos, sino como un regalo de Dios». Sermón 70. El caso de la razón considerada imparcialmente (*Works.* Jackson ed. VI.360).

La fe ayuda a perfeccionar la razón, para que así los ojos de nuestro entendimiento puedan ser iluminados y que, en armonía con las Escrituras, podamos explicar en una forma razonable a otras personas cuando nos preguntan sobre la esperanza que vive en nuestro interior (XIII.243).

La tradición

En el *Prefacio* a sus *Sermones,* Wesley describe cómo él estudiaba la Biblia: *«Si queda todavía alguna duda, consulto con quienes tienen experiencia en las cosas de Dios, y luego con los escritos mediante los cuales siguen hablando aún después de muertos. Lo que así aprendo, eso enseño»* (I.21). Estos escritos se refieren especialmente a los Padres de la Iglesia durante los primeros tres siglos y a los documentos de la Iglesia de Inglaterra. Esto fue una decisión que Wesley y los miembros del Club Santo tomaron durante sus años en la Universidad de Oxford: *«Pero la observancia de todo esto la cumplían hasta donde consideraban que estaba de acuerdo con la Biblia, ya que su único deseo era el de ser cristianos bíblicos manifiestos, tomando la Biblia como su sola y única regla, tal como la interpretaban la iglesia primitiva y la nuestra»* (V.264).

La referencia a los Padres de la Iglesia demuestran el profundo interés que Wesley tenía hacia lo que él llamaba «antigüedad cristiana». Conociendo tanto el latín como el griego, podía leer estos idiomas. La antigüedad cristiana está incluida en su lista de fuentes para su teología: *«Nosotros probamos la doctrina que enseñamos por la Escritura y por la razón; y si es necesario por su antigüedad»* (VI.357). La antigüedad cristiana se refiere a los escritos de los Padres de la Iglesia durante los primeros 300 años de la iglesia, antes del Concilio de Nicea en 325, o sea, antes de la corrupción de la iglesia que ocurre después que el emperador Constantino reconoce oficialmente a la iglesia. Estos Padres de la Iglesia eran los escritores más cercanos al Nuevo Testamento y ellos fueron: *«los más auténticos comentaristas de las Escrituras,*

*por estar más cerca de la fuente y ungidos por el Espíritu que
inspiró las Escrituras»* (IX.200). Entre los escritores que él
menciona se encuentran Clemente de Roma, Ignacio y Poli-
carpo, Justino Mártir, Tertuliano, Orígenes, Clemente de Ale-
jandría y Cipriano (IX.211). Wesley también conocía y citó a
otros Padres posteriores, como Agustín de Hipona, y muchos
otros que pertenecían a la Iglesia Oriental, particularmente
Macario el Egipcio y Efraín el Sirio, a quien Wesley llamaba
el *«más iluminado de los escritores antiguos»*.

Otra fuente de interpretación bíblica que Wesley
menciona es *«la nuestra»*, queriendo decir la **Iglesia de Inglaterra**, de la que formó parte como sacerdote anglicano ordenado, al igual que su padre Samuel y su hermano Carlos.
Los primeros metodistas estaban convencidos de que sus doctrinas eran idénticas a las de la Iglesia de Inglaterra, especialmente aquéllas reflejadas en los documentos básicos: los *39
Artículos de la religión,* el *Libro de la oración común* y el *Libro de las homilías.* Dios había levantado a los metodistas
para *«reformar la iglesia»* porque en la Inglaterra de Wesley
la iglesia había olvidado su propia herencia. Wesley dice que
desde el principio de su ministerio la lectura de la Biblia y la
del *Libro de las homilías* le habían ayudado a definir su doctrina de la justificación por la fe (IV.237). En sus publicacio-
nes de 1739, escritas después de su experiencia en Aldersgate,
aparecen extractos de los *Artículos* y *Homilías* sobre los tópicos referentes al pecado, la salvación, la fe y las buenas obras.
Las Obras de Juan Wesley contienen innumerables citas sobre
estos tópicos tomadas de estos documentos anglicanos básicos. Cuando Wesley era criticado por sus ideas, decía a menudo que él entendía la doctrina de la Iglesia Anglicana mejor
que aquellos que lo estaban atacando. Cuando le aconsejaron
demostrar mayor consideración hacia las reglas y ordenan-

zas de la iglesia, simplemente respondió: *«digo que no pue-do, porque yo los considero al lado de la palabra de Dios»* (VI.180). En el texto original, la frase *«al lado de»* usada por Wesley significa en realidad *«después de»*, porque para Wesley la palabra de Dios era primero. No podemos terminar el tópico sobre las tradiciones a las que Wesley les dio importancia sin mencionar por lo menos otras tres fuentes que influyeron en él además de las que él menciona. La Iglesia de Inglaterra fue parte de la Reforma Protestante del siglo XVI y está considerada como una de las cuatro ramas importantes de esta reforma. Las otras tres fueron la Luterana, Reformada, Anglicana y la Reformada Radical. Las **fuentes luteranas** de Wesley fueron primariamente pietistas, siendo los moravos quienes lo introdujeron a la justificación por la fe y a la religión de la experiencia durante la crisis espiritual que lo llevó hasta Aldersgate. Fue el pietista Johan Albrecht Bengel de Wurtemberg, Alemania, quien proveyó a Wesley las bases para sus *Notas al Nuevo Testamento.*

La tradición reformada en Inglaterra tomó forma a través del puritanismo. Estas **fuentes puritanas** también influenciaron a Wesley. La fuente principal de este puritanismo fue la teología de Juan Calvino. La teología de la mayoría de las iglesias que no eran anglicanas era calvinista, como los presbiterianos, congregacionalistas y bautistas. Ambos bisabuelos de Wesley eran ministros puritanos no conformistas, y el mismo Wesley se crio en una casa pastoral dominada por el carácter puritano. Estaba, por lo tanto, completamente familiarizado con una gran variedad de la literatura puritana; la leía para su propia edificación y luego la hizo accesible para el consumo popular. Los puritanos estaban ampliamente representados en la *Biblioteca cristiana,* que fue su proyecto de publicación entre los años 1749 y 1755, y que incluía 50 tomos.

Algunos de sus autores favoritos aquí representados fueron Richard Baxter, John Bunyan y John Milton. La influencia puritana en Wesley fue tan grande que él mismo comentó que el metodismo había *«llegado casi a convertirse en calvinismo».*

La última fuente de influencia que debemos mencionar es la **espiritualidad católica continental**. Aunque Wesley estaba en contra de la teología formal de la Iglesia Católica Romana, ya que era un protestante devoto que escribía en contra del catolicismo romano, apreciaba a muchos de los escritores místicos católicos por su énfasis en la importancia de una relación vital con Dios. Leyó en su juventud *La imitación de Cristo,* de Tomás de Kempis, un escritor alemán, y esta lectura ejerció gran influencia en su vida. Años más tarde, Wesley resumió muchos de estos escritos místicos y los incluyó en su *Biblioteca cristiana.* Entre los muchos que incluyó hay tres escritores católicos españoles: Juan de Ávila, Gregorio López y Miguel de Molinos. Por lo general, Wesley estaba en contra del misticismo, porque sentía que no era bíblico, pero sí aceptaba a muchos de estos escritores por ser *«modelos de santidad verdadera».*

La experiencia cristiana

Hemos visto ya la intención de Wesley al escribir sus sermones: *«Me he esforzado por describir la religión verdadera, bíblica y de la experiencia, sin omitir nada que sea parte real de ella y sin añadir lo que no lo sea»* (I.21). El cristianismo es *«la religión... de la experiencia».* Es una *«experiencia fundamental de la persona»,* algo que pasa en su interior antes de que se convierta en un *«esquema o sistema de doctrina».* Lo que la doctrina hace es describir esta experiencia, la realidad de la transformación de la persona en imagen de Dios. Las Escrituras describen esta transformación y el verdadero cristiano pasa por la experiencia que la Biblia describe. El término *«experiencia»* no es un término general que describe cualquier experiencia humana. *«Experiencia»* es el cumplimiento en la interioridad del cristiano de esa santidad que enseña la Biblia y que está enlazada a las palabras bíblicas a través del poder del Espíritu Santo:

«En la palabra escrita encontramos una descripción global de la justificación y también de cada uno de sus aspectos particulares. Se hace referencia a los más mínimos detalles; por ejemplo, la sobriedad, la cortesía, el ser diligentes, pacientes y honrar a todas las personas. De igual modo el Espíritu Santo obra en nuestros corazones, no sólo despertando el deseo de alcanzar la santidad en general, sino haciendo que busquemos afanosamente cada una de las manifestaciones de la gracia y guiándonos hacia todo lo amable» (VIII.144-145).

La relación entre la Escritura y la experiencia es dialéctica. La Biblia describe lo que la realidad cristiana debe ser y la experiencia aclara el significado de la Biblia haciéndola más comprensible. La experiencia *«explica el significado»* y es *«suficiente para confirmar una doctrina basada en las Escrituras»* (I.224). Por ejemplo, Wesley dice que él entiende el pasaje en el capítulo siete de Romanos, donde Pablo habla sobre una ley en sus miembros que se rebela en contra de su mente a pesar de que ésta aprueba la ley de Dios. Wesley mismo ha sentido esta contradicción miles de veces.

Su propia experiencia, al igual que la experiencia de otros, fueron factores importantes que influyeron en la manera en que Wesley entendía la fe cristiana. Personalmente pasó por y vivió muchas de las fases del proceso de salvación, especialmente cuando percibió la diferencia entre estar bajo la ley y llegar a la fe en Cristo. Fue la experiencia viva de algunos de los hermanos moravos lo que lo convenció de sus propios errores y lo que lo llevó luego a decir que las vidas transformadas de la gente común era el mejor argumento de la validez de la fe cristiana.

La experiencia cristiana está constituida por un aspecto interior y otro exterior. El aspecto básico de la interioridad es el *«sentimiento»*. El aspecto exterior tiene que ver con la *«providencia»,* o la manera en que Dios guía las circunstancias. Anteriormente hemos visto la importancia de la razón para comprender a Dios y las cosas de Dios, especialmente la situación humana. A esto debemos añadir que el **sentimiento** es también una forma legítima de conocimiento. El Espíritu Santo trabaja en ambos niveles, en el de la comprensión racional y en el nivel profundo de los sentimientos.

«Sentimiento» simplemente quiere decir *«algo de lo cual somos internamente conscientes»* (VI.122). Este concepto fue malinterpretado por muchos de los contemporáneos de Wesley y él necesitó clarificar su significado:

> *«"Siente en su corazón (para emplear el lenguaje de nuestra iglesia) el poderoso obrar del Espíritu de Dios". No en un sentido burdo y carnal, tal como los del mundo estúpido y maliciosamente malentienden esta expresión, aunque se les haya explicado una y otra vez, sino que por ella significamos nada más ni nada menos que esto: que siente interiormente y es sensible a las gracias que el Espíritu de Dios obra en su corazón»* (III.132).

Estos dones del espíritu son la paz, el gozo, el amor y todas las otras expresiones de afecto que vienen de Dios.

Los sentimientos internos son una guía precisa sobre las condiciones espirituales de la persona, una *«prueba infa-*

lible». Esto ocurre verdaderamente en cada una de las etapas de la vida cristiana: desde la indiferencia del corazón que refleja una persona que ha faltado al Espíritu Santo hasta el paso a través de la experiencia hacia la conversión, la fe, la justificación y la santificación. Y esto concuerda con una doctrina metodista muy especial, la de la «seguridad cristiana», que Wesley enfatiza en los sermones 10 y 11, donde reflexiona sobre Romanos 8.16: *El testimonio del Espíritu, I y II*. Estos sermones presentan la influencia inmediata del Espíritu sobre la vida interior del alma humana: *«que el testimonio del Espíritu es una impresión interna en el alma por medio de la cual el Espíritu de Dios directamente <u>da testimonio a mi espíritu de que yo soy un hijo de Dios»</u>* (I.195, 211). El énfasis que pone Wesley en la doctrina de la «seguridad cristiana» tiene sus raíces en su experiencia personal durante su conversión en Aldersgate: *«yo sentí un extraño ardor en mi corazón. Sentí que confiaba en Cristo, sólo en Cristo para la salvación, y recibí una seguridad de que Él me había quitado todos mis pecados, aun los <u>míos</u>, y me había <u>librado de la ley del pecado y de la muerte</u>»* (XI.64). Algunas veces el *«estado de ánimo»* de una persona es transitorio y no una guía real de la condición de su alma, pero aquellos sentimientos que resultan más complejos y constantes seguramente lo son.

La dimensión exterior de la experiencia cristiana tiene que ver con la **providencia** de Dios. Esto significa que Dios dirige todas las circunstancias de la vida del universo para el bien de todas sus criaturas. La forma en que Dios guía las circunstancias en la vida de los cristianos es una de las fuentes que ayudan a entender a Dios y lo que Él espera de los cristianos.

Para Wesley, *«la Escritura es la historia de Dios»*. Esto nos demuestra que él pensaba que no hay nada pequeño ni insignificante en la vida de los seres humanos que no sea objeto de su cuidado y su providencia. El verdadero cristiano es sensible tanto a la providencia *«general»* de Dios como a la *«particular»*. Wesley cita a menudo una frase de san Agustín, la cual resume para él toda la doctrina de la Escritura: Dios gobierna *«sobre todo el universo como a cada persona en particular, a cada persona en particular como sobre todo el universo»* (II.374). Wesley sintió que tenía que enfatizar la providencia particular de Dios porque casi todos los intelectuales de su época enfatizaban, como Newton, un universo de leyes naturales cerrado. Este grupo podía aceptar el concepto de *«providencia general»*, el cual quería decir simplemente las leyes generales por las cuales opera el universo, pero que Dios nunca intervendría en el sistema a favor de una persona en particular. A esto Wesley respondió diciendo: *«cualquier definición de la providencia que no incluya la providencia particular no es providencia»*. Dios es la fuerza primaria, el resorte de todos los movimientos en el universo y todas las fuerzas naturales están bajo la dirección del Señor de la naturaleza: *«¿qué es la naturaleza misma sino hechura de Dios, o la manera de Dios para obrar en el mundo material?»* (VII.21). Dios contesta las oraciones, y todavía hace milagros según su voluntad. Nada es dejado al azar. Dios guía todas las cosas de acuerdo con su voluntad en su gobierno del universo y de la historia. A pesar de todo esto no cancela la libertad humana, y Wesley afirma esto conscientemente sin saber exactamente cómo Dios interviene aun en los detalles más pequeños de una vida humana, sin quitarle al individuo su libertad para responder.

Wesley podía hablar confiadamente de la providencia divina porque desde su niñez había sido objeto de su protección, por lo que la providencia divina se convirtió en parte de su reflexión sobre Dios y las cosas de Dios. Él podía *«confir-*

mar» por experiencia propia los pasajes bíblicos que hablan de cómo Dios interviene en la vida cristiana, especialmente para ayudar a los cristianos en tiempo de persecución. Wesley llegó a ser un consejero pastoral muy sensitivo, ayudando a la gente a entender que Dios podía utilizar las enfermedades para el beneficio de sus criaturas. Al reflexionar sobre las circunstancias históricas que acompañaron el surgimiento del metodismo, la necesidad histórica se convirtió para él en la voz de Dios, y poco a poco fue desarrollando la forma en que su misión debería llevarse a cabo y pensando en las implicaciones que esto tendría para su comprensión de la iglesia. Desde la formación de las clases en las Sociedades Unidas y el uso de predicadores laicos hasta la ordenación de presbíteros para el trabajo en América del Norte, Wesley respondió a lo que el creía que eran las directivas de la Divina Providencia. Él podía decir si una práctica era de Dios siempre y cuando era práctica necesaria y producía resultados. Aquí la divinidad práctica se convirtió en una forma de pragmatismo que concentraba su atención en aquello que funcionara. El Espíritu Santo guía el proceso completo de la vida cristiana según estas experiencias trabajen junto con la razón y la tradición para interpretar el significado de la Biblia. Estas fuentes ayudan a proveer el entendimiento que es necesario en el camino hacia la salvación.

Documentos para lectura y reflexión

Primeras lecturas

Biblia:	*Notas Prefacio*	(IX.311-314)
Razón:	*Un llamado ferviente. 1-37*	(VI.11-29)
Tradición:	*Un llamado ferviente. 76-86*	(VI.55-63)
Experiencia:	*Diarios. Miércoles, 24 de mayo de 1738*	(XI.56-65)

Lecturas adicionales

Biblia:	*Sermón 12. El testimonio de nuestro propio espíritu. 6*	(I.229-230)
	Sermón 37. La naturaleza del entusiasmo. 22-25	(II.371-372)
	Sermón 16. Los medios de gracia. III.7-10	(I.326-329)
	Notas. 2 Timoteo 3.16	(X.320)
	Notas. 1 Corintios 7.25	(X.158)
Razón:	*Sermón 69. La imperfección del conocimiento humano*	(IV.61-80)
	Sermón 40. La perfección cristiana. I.1-6	(III.22-26)
Tradición:	*Un nuevo llamado I. II.3-11*	(VI.83-91)
	Un nuevo llamado I. V.15-22	(VI.140-151)
Experiencia:	*Diarios. 31 de julio de 1739. 6-7*	(XI.116)
	Un nuevo llamado II. II.14	(VI.235-237)
	Sermón 23. El Sermón en la montaña, III. III.5	(II.70)

Véanse también las siguientes lecturas del *Índice* al final de cada tomo. Busque bajo los siguientes tópicos que aparecen en orden alfabético:

Biblia:	*-Antiguo Testamento como escritura*
	-escritura
Razón:	*conocimiento humano*
	-se obtiene por los sentidos
	-sus límites

-filosofía natural

-razón

-sentidos físicos

Tradición: *-Artículos de Religión*

-Iglesia de Inglaterra

-iglesia primitiva

-Libro de Homilías

-Libro de Oración Común

-literatura clásica

-misticismo

-padres de la iglesia (busque bajo sus nombres)

Experiencia: *-experiencia*

-providencia

Preguntas para reflexión y discusión

1. En el llamado «cuadrilátero Wesleyano» hay cuatro fuentes que ayudan al cristiano en sus reflexiones: la Biblia, la razón, la tradición y la experiencia. ¿Cómo se relacionan estas fuentes unas con otras? ¿Existen otras fuentes que el cristiano debería utilizar? Si es así, ¿cuáles son?

2. ¿Está usted de acuerdo con la teoría de Wesley relacionada con la inspiración verbal de la Biblia por el Espíritu Santo? Si no está de acuerdo, ¿en qué sentido es la Biblia la palabra de Dios? ¿Cuánta autoridad debería tener la Biblia en las enseñanzas cristianas?

3. ¿Cuál debería ser el lugar de los poderes del razonamiento humano en determinar lo que los cristianos deberían creer?

4. ¿A cuál tradición religiosa pertenece su iglesia? Explique cómo esto afecta su interpretación de la Biblia y cómo afecta sus creencias.

5. ¿Qué experiencia ha tenido usted que le ha ayudado a entender lo que habla la Biblia? Si está usted en un grupo, compartan estas experiencias unos con los otros.

6. Explique qué lugar ocuparía una experiencia secular o no cristiana en determinar lo que uno debería creer.

Sesión 3: La condición humana y el pecado original

El problema de la condición humana es el punto apropiado para iniciar el estudio de la doctrina cristiana como tal. Wesley abordó este tema comenzando por enfatizar la doctrina tradicional del *«pecado original»*, que él consideraba como una entre las doctrinas *«fundamentales»* que sostenía toda la estructura sobre la cual descansaba el pensamiento cristiano. En su discusión con el deísta Dr. John Taylor, Wesley dijo que el debate tenía que ver con *«una controversia de re* (de sustancia, de importancia fundamental)... *¡Es cuestión de cristianismo o paganismo!»* (XIII.307). La comprensión que Wesley tenía del pecado estaba fundamentada en su entendimiento de la naturaleza del ser humano. En términos generales, sus enseñanzas siguen la tradicion paulina y agustiniana según fueron formuladas por la iglesia cristiana de occidente. Consideraba que tales doctrinas eran verdaderas porque así lo confirmaban sus lecturas de la Biblia, su razón y sus observaciones de la condición humana en otros y en él mismo.

Un resumen de las ideas de Wesley

La justicia original

Las enseñanzas de Wesley sobre la condición humana empiezan con lo que se conoce como la doctrina de la «justicia original». Esta doctrina es una manera de inquirir sobre la intención original de Dios para con los seres humanos, que comienza con la creación del ser humano a *«imagen y semejanza»* de Él. Como en la Biblia no encontramos en ningún lu-

51

gar una definición de *«imagen»* y los relatos sobre la creación y caída de Adán y Eva (Génesis, caps. 1-3) son tan breves, tenemos, para deducir su significado, que recurrir a los pasajes del Nuevo y Antiguo Testamento que hablan de la persona de Cristo, imitar a Dios y a aquellos que describen la forma de restaurar la imagen divina en el alma del ser humano.

Según Wesley, Dios creó al ser humano con dos dimensiones básicas: cuerpo y alma, y ambas, como Dios, eran inmortales. Wesley se refería específicamente a Adán y Eva en el Jardín del Edén. Al ser reflejo de la naturaleza del Creador, la idea de imagen tenía tres significados, que eran: la **imagen natural**, la **imagen política** y la **imagen moral**. La imagen natural tenía varias dimensiones y la primera era inteligencia, el órgano del entendimiento. En la Sesión 2 hemos indicado cuán importante era para Wesley la razón humana y cómo explicaba en detalle el funcionamiento del entendimiento humano. La segunda dimensión, la voluntad, es libre y es el poder que decide entre las diferentes opciones que el entendimiento presenta. Es el poder del movimiento y del gobierno propio. Wesley era un gran defensor de la libertad. Él creía que los seres humanos tenían la libertad de ejercer su voluntad haciendo sus propias decisiones, y era esa libertad lo que los hacía responsables ante Dios. Una tercera dimensión de la imagen natural era la de los *«afectos»* o sentimientos, que eran similares a la voluntad, pero a niveles más profundos. Hemos visto en la Sesión 2 lo importante que para Wesley eran los sentimientos como forma de conocimiento. Eran la intuición de la realidad. Una cuarta dimensión era la *«conciencia natural»*, o sea la habilidad para discernir el bien del mal aprobando el uno y rechazando el otro.

Wesley establecía una distinción entre los *«sentidos físicos»* y los *«sentidos espirituales»*. Los cinco sentidos físicos eran parte del proceso utilizado por la inteligencia en su esfuerzo por entender el mundo a su alrededor. Por analogía, estaban también los sentidos espirituales, que permiten al ser humano entender aquellas realidades que no están accesibles a los sentidos físicos, especialmente cuando se trata de contestar la pregunta de quién es

Dios, cuál es su voluntad y cómo entender la condición interna del alma humana. Similar a los sentidos físicos, poseíamos una forma espiritual de ver, escuchar, saborear y sentir, que servía de guía en la comprensión espiritual.

El segundo significado de la frase imagen de Dios era la **imagen política**. Esto quería decir que los seres humanos compartían con Dios el gobierno sobre el mundo de los animales. El tercer significado era la **imagen moral**, que esencialmente quería decir justicia y santidad. Adán era como Dios, lleno de amor, justicia, misericordia y verdad. Tenía conocimiento de Dios y de su trabajo. Conocía, amaba a Dios, gozaba de su compañía y participaba de la vida eterna. Era un ser libre y se esperaba de él que viviera en perfecta obediencia a la ley del amor de Dios. Además de todo esto, recibió una ley específica: no podía comer la fruta del árbol del conocimiento del bien y el mal que estaba en el jardín. Si desobedecía, moriría.

La desobediencia y la muerte

Adán y Eva desobedecieron a Dios haciendo mal uso de su libertad y el resultado fue la muerte. Murieron ante Dios y perdieron la vida que llevaban en Dios. Wesley llamó a este evento la **muerte espiritual**, o sea, la pérdida de la imagen moral de Dios. Perdieron la posibilidad de la justicia, la santidad y todas las otras cualidades que reflejaban la vida de Dios en sus almas. Perdieron su vida en Dios porque se separaron de Dios y el alma separada de Él no puede vivir. Sólo quedaba un poco de vida en el alma, la suficiente para justificar el pago del pecado. La muerte quiere decir también la **muerte física**. Ahora el cuerpo estaría expuesto a las enfermedades y a la corrupción que lo llevará finalmente a la muerte biológica. Adán estaba muerto en el espíritu, muerto para Dios, muerto en pecado y se precipitaba hacia una muerte eterna.

Tanto la muerte espiritual como la física han sido transmitidas a todos los descendientes de Adán pues, según Wesley, Adán era *«la cabeza de la humanidad»*. Después de Adán, todo ser humano nace sujeto a todas las dimensiones de la muerte y determinado por el proceso del pecado original. Todos, incluyendo los niños, llevan dentro de sí el pecado y el poder que ha sido transmitido a toda la raza humana por conducto de Adán.

Un retrato de la muerte espiritual

Wesley estaba muy consciente del poder del pecado en su propio ser y también entre la gente con quien él compartía durante el avivamiento. La intención de muchos de sus sermones era guiar a las personas a descubrir quienes eran ellas en verdad y a confrontarles con la necesidad fundamental de ser salvadas del poder del pecado y de la muerte. Algunas de las descripciones más impresionantes sobre los seres humanos y sus necesidades aparecen en estos sermones. A pesar del pecado, la imagen natural de Dios permanece todavía en la naturaleza humana corrupta, y el entendimiento, la voluntad y los sentimientos todavía funcionan relativamente bien en relación con la vida en este mundo. Hemos visto también cómo la corrupción del cuerpo pesa sobre el alma y cómo las funciones naturales del cuerpo se mueven hacia la muerte física, lo cual quiere decir la separación del alma del cuerpo. Si todavía queda algún residuo de la imagen natural, la imagen moral de Dios se pierde completamente, y Wesley se excede en su retrato de la muerte espiritual. Con esta descripción detallada, Wesley hace un llamamiento a quienes le escuchan para que examinen sus vidas y se comparen con este retrato que él les presenta. Si no cambian y continúan sin buscar la vida del evangelio, su muerte espiritual continuará hacia la muerte eterna.

Una de las grandes consecuencias de la muerte espiritual es que los sentidos espirituales se han deteriorado y la persona se encuentra en un estado análogo a un sueño profundo. En lo que se refiere a la capacidad para entender a Dios y las cosas de Dios, que en realidad es la verdadera capacidad de la razón, todas las personas que vienen a este mundo nacen ciegas. Como dijo Pablo en I Corintios 2.14, *«el hombre natural no percibe las cosas que son del Espíritu de Dios, porque para él son locura, y no las puede entender, porque se han de discernir espiritualmente»*. Esto es especialmente cierto en su capacidad de conocimiento propio. Por lo general, la gente piensa que están bien, y no perciben el gran peligro en que se encuentran. Esto es igualmente cierto en cuanto al conocimiento de Dios. El ser humano natural puede descubrir algunas cosas sobre Dios por medio del mundo natural que le rodea, como su poder y divinidad eterna, pero no le conocen personalmente. Para conocerle se requiere la influencia del Espíritu Santo. Sin el conocimiento de Dios no hay amor de Dios, porque para amar a una persona hay que conocerla; tampoco hay gozo en Dios ni temor de Dios. *«Por naturaleza, no hay Dios en ninguno de nuestros pensamientos. Lo dejamos que él maneje sus propios asuntos, sentado tranquilamente, como nos lo imaginamos, en el cielo, y que nos deje en la tierra manejar los nuestros. De modo que no tenemos más temor de Dios delante de nuestros ojos que amor de Dios en nuestros corazones»* (III.115).

Cuando se habla de la voluntad de los seres humanos, encontramos que la han usado para adoptar la imagen del diablo en vez de la imagen de Dios. Las dos palabras que representan esto son *«el orgullo»* y la *«voluntad propia»*. Toda persona nacida en este mundo es un idólatra por naturaleza, siendo el propio ser el centro de su existencia. La gente se idolatra a sí misma. Y de este orgullo propio nacen todos los tipos de violencia en contra de otras personas. El elogio de sí mismo y la búsqueda de adulación van robando a Dios la gloria que le pertenece. La voluntad humana se convierte en servidora del ego y el alma quiere ser independiente: *«Haré mi voluntad y lo que me da la gana... lo que se me antoja»*. Hacer la voluntad de Dios no está en el pensamiento de la persona; al contrario, lo que quiere es hacer aquello que está en contra de la voluntad de Dios. La voluntad pierde su libertad bajo el poder del pecado, en el sentido de que no es libre para hacer lo correcto, sólo libre para hacer el mal. Existe como una inclinación innata hacia el mal aun antes de poder hacer una elección.

Los afectos o los sentimientos de los seres humanos se han convertido en imagen de los animales, con sus mismos deseos y apetitos sensuales. Las pasiones han perdido su balance: *«Tus afectos están separados de Dios, y desparramados por el mundo entero. Todas tus pasiones, tanto tus deseos como tus odios, tus gozos y tus tristezas, tus esperanzas y temores, están fuera de foco, son exagerados en extremo o colocados en objetos indignos»* (I.141). Se supone que las pasiones estén controladas por el poder de la razón, pero en muchos casos las personas tienen problemas ejerciendo ese control y sus pasiones toman control sobre la razón. Sentimientos como la envidia y el desprecio los podemos discernir aun en la niñez y están ahí, dentro de uno, antes de que estemos conscientes de ellos. También existen ciertos deseos en la mente; por ejemplo, una curiosidad innata que goza de la búsqueda de objetos raros y hermosos. Wesley amenudo repite este pasaje de 1 Juan 2.16, que según él ilustra el problema humano: *«Porque todo lo que hay en el mundo, los deseos de la carne, los deseos de los ojos y la vanagloria de la vida no proviene del Padre, sino del mundo»*. Todas las palabras y acciones que fluyen de esta fuente interna son también afectadas y la definición más común para Wesley de lo que es el pecado (pecado exterior) se encuentra en 1 Juan 3.4: *«pues el pecado es infracción de la ley»*. Es una transgresión voluntaria de la ley escrita de Dios, de los mandamientos conocidos. El resultado de todo esto es que la naturaleza humana se corrompe y esto incluye todas las facultades del alma. Por esto Wesley puede decir que toda la imagen moral de Dios se ha perdido y lo que queda es la muerte espiritual.

El papel de la «religión»

La ceguera espiritual puede ser muy sutil. A veces toma la forma de lo que es considerado *«religión»*. Para ilustrar esto, Wesley utiliza su propia experiencia antes de Aldersgate y nos habla de esto especialmente en el *Sermón 2. El casi cristiano* (I.41-52). Éste es un ejemplo de religión exterior, la que se expresa en formalismos y ritos y que carece del poder interno que propicia el Espíritu Santo. Una religión exterior es propiciadora del pecado. En su forma máxima incluye la *«honestidad pagana»*, que se refiere a los casi cristianos que hablan de la verdad y la justicia, ayudan a otros que están en necesidades, son piadosos, no hacen nada que la Biblia prohíba, sino todo lo que es requerido. Asisten también fielmente a la iglesia y participan de todos los medios de gracia. Pueden ser aun muy ortodoxos en sus creencias y aceptar como verdaderos los credos de la iglesia. En todo esto son sinceros. A veces sus cualidades morales son más altas que las de los verdaderos cristianos. Este estado de *«casi cristianos»* es lo que la mayoría de los cristianos nominales escogen ser. Pero, para llegar a ser un cristiano completo, verdadero, la persona necesita nacer de nuevo por el poder del Espíritu Santo, y este nuevo nacimiento no solamente le dará la forma exterior del cristiano, sino también el poder interno de la justicia que nace de la fe verdadera.

Una doctrina distintiva

En la respuesta al Dr. John Taylor que mencionamos anteriormente, Wesley dice que la doctrina del pecado original es una de las doctrinas esenciales del cristianismo y una de las marcas distintivas de la fe. Para Wesley, ésta era la doctrina que establecía la gran diferencia entre los cristianos y todas las otras formas de paganismo. Todo el que niega la existencia del pecado es esencialmente un pagano, aun cuando esta persona se llame a sí misma cristiana. La doctrina del pecado original describe la enfermedad esencial de la raza humana para la cual el remedio es el Evangelio. La verdadera religión cristiana es el método divino para curar el alma humana y su propósito final es restaurar en ella la imagen perdida de Dios.

Documentos para lectura y reflexión

Primeras lecturas

-*Sermón 1. La justificación por la fe. I.1-6*   (I.100-102)

-*Sermón 44. El pecado original*   (III.107-124)

-*Sermón 45. El nuevo nacimiento. I*   (III.126-129)

Lecturas adicionales

-Sermón 2. El casi cristiano	(I.41-52)
-Sermón 7. El camino del reino. II.1-6	(I.140-144)
-Sermón 19. El gran privilegio	(I.387)
de los que son nacidos de Dios. II.2	
-Sermón 33. El sermón en la montaña,	(II.296-299)
XIII. III.1-5	
-Sermón 95. La educación de los niños.	(IV.203-206)
5-11	
-Sermón 129. Tesoro celestial en vasos	(IV.317-324)
de barro	
-Sermón 130. Vivir sin Dios	(IV.325-333)
-Notas. Lu. 10.27	(IX.446)
-Notas. 1 Ts. 5.23	(X.290-291)
-Notas. 1 Jn. 2.16	(X.415-416)
-Cartas. Al Dr. Taylor de Norwich.	(XIII.307-308)
3 de julio de 1759	

Véanse también las siguientes lecturas del *Índice* al final de cada tomo. Busque bajo los siguientes tópicos que aparecen en orden alfabético:

-ateismo	*-muerte física*
-caída	*-mundo*
* -consecuencias de la:*	*-orgullo*
-habla humana, pecaminosa	*-pasiones*
-humano	*-pecado*
-idolatría	*-placeres*
-mal, origen del:	*-sensualidad*
-muerte espiritual	

Preguntas para reflexión y discusión

1. ¿Cómo podemos saber el significado del término «imagen de Dios» siendo que no aparece claramente definido en la Biblia? ¿Está correcta la descripción que Wesley hace?
2. Según Wesley, la idea de que los seres humanos están cautivos en una red de pecado y muerte (sea que se llame «pecado original» o no) es una doctrina bíblica. ¿Dónde en la Biblia aparece esta enseñanza?
3. Wesley pensó también que la doctrina del pecado original podía ser respaldada por la experiencia humana. La doctrina era una realidad empírica. Partiendo de su propia experiencia, señale aquellas características de los seres humanos que apoyen o nieguen esta idea.
4. Wesley dice que aun en la niñez de los seres humanos encontramos las tendencias a ser egocéntricos y tercos. Sin embargo, muchos cristianos modernos dicen que los niños nacen inocentes. ¿Quién tiene la razón?
5. Wesley afirma que la doctrina del pecado original es una doctrina fundamental. Una doctrina que distingue al cristianismo de todas las formas de paganismo que tienden a decir que la naturaleza humana es esencialmente buena. ¿Qué clase de sistema doctrinal cristiano permanecería si la idea del pecado original no fuese verdadera?
6. Wesley dice que muchas iglesias lo que hacen es ayudar a las personas a permanecer en sus cegueras espirituales por su énfasis en la práctica y la moralidad religiosa exterior. ¿Ocurre esto en su iglesia? ¿En qué sentido?

Sesión 4: El Dios Trino

Un resumen de las ideas de Wesley

Wesley nos dice que Dios mismo es el único que puede solucionar el problema del ser humano. Las buenas nuevas de la salvación por la gracia describe la acción de Dios a
través de su Hijo Jesucristo y del Espíritu Santo para redimir
a los seres humanos del poder del pecado y de la muerte. Es
este comportamiento de Dios para con la raza humana lo que
nos ha dado la clave para entender la naturaleza de Dios y sus
propósitos. Wesley entendía que cierto conocimiento limitado
de Dios es accesible a toda la humanidad, pero que al verdadero conocimiento de Dios se llegaba a través de lo que Él ha
revelado en la Biblia sobre sí mismo. Este conocimiento puede también ser confirmado mediante la experiencia cristiana.
Sin embargo, este conocimiento está rodeado de misterio y
nosotros confesamos como verdadero lo que no entendemos
completamente. Dios ha compartido con nosotros solamente
algunos de sus atributos y aun éstos los entendemos en forma
limitada. Por lo tanto, no es accidental que Wesley no escri-
ba un tratado formal y sistemático sobre Dios, sino sólo una
confesión de que la idea de Dios es verdadera pero no nos es
posible saber **cómo** es ella verdadera. Wesley presta más atención a aquellas realidades de Dios que son necesarias para entender la experiencia normal cristiana. Algunas veces realiza
intentos de especular teológicamente sobre los atributos de
Dios, especialmente durante los años de su vejez, pero aun así
trata de aplicar este conocimiento a la vida práctica cristiana.
Sin embargo, su procedimiento usual es enfatizar las ideas sobre Dios que son necesarias para la teología práctica, aquéllas

relacionadas estrechamente con la religión vital. En esta sesión simplemente dejaremos hablar a Wesley acerca de Dios. Pero como la realidad de Dios en su condición de Dios Trino es tan fundamental, incluiremos aquí también su pensamiento sobre el Hijo de Dios, Jesucristo, y sobre la naturaleza y obra del Espíritu Santo.

Los atributos de Dios. Dios el Padre

En el *Sermón 26. Sobre el sermón de nuestro Señor en la montaña. Sexto discurso,* Wesley habla sobre el nombre de Dios en el Padre Nuestro:

« *"Santificado sea tu nombre". Ésta es la primera de las seis peticiones que forman la oración. El nombre de Dios es Dios mismo, la naturaleza de Dios hasta donde pueda ser descubierta a los seres humanos. Significa, por consiguiente, además de su existencia, todos sus atributos o perfecciones. Su eternidad, revelada particularmente por su grande e incomunicable nombre, Jehová, que el apóstol Juan traduce: <u>tò A kaì tó O, arjè kai télos, o òn kaì o en kaì o rejómenos, "el Alfa y la Omega, el principio y el fin, dice el Señor, que es, y que era, y que ha de venir"</u>. La plenitud de su ser la denota ese otro gran nombre: "<u>¡Yo soy el que soy!</u>". Su omnipresencia; su omnipotencia; el único agente, en verdad, en el mundo material, puesto que toda materia es esencialmente pesada e inerte, y sólo se mueve cuando se mueve el dedo de Dios. Él es la fuente de todas las acciones en toda criatura, visible e invisible; que no puede obrar ni existir sin la emanación constante y la agencia de su omnipotente poder. Su sabiduría se deduce claramente de las cosas que se ven, del orden divino del universo. Su Trinidad* *en la Unidad y la Unidad en la Trinidad se descubren tanto en la primera línea de su palabra escrita ba-rak Elohim —literalmente, los Dioses creó, un nombre plural como sujeto de un verbo singular— como en todas las revelaciones posteriores que dio por boca de sus santos profetas y apóstoles. Su pureza y santidad esenciales, y sobre todo su amor, que es el resplandor mismo de su gloria»* (II.146).

Dios es uno y su existencia es infinita e independiente. Dios es espíritu y, como no tiene cuerpo, no está sometido a las pasiones humanas. Dios es eterno y éste es el significado del nombre Jehová. Dios es perfecto y Wesley habla de sus **atributos** o **perfecciones**. Estos atributos han sido revelados en la Biblia y la lista que Wesley presenta de ellos es bastante tradicional. Dios es omnipresente, o sea que existe a través del espacio infinito. Es omnipotente: no hay límites a su poder. Es omnisciente: todo lo sabe. Su sabiduría es parte de su omnisciencia. Dios es sobre todo santo y la justicia, la verdad, la misericordia y el amor son sus cualidades morales inmaculadas.

A Wesley le interesaba primordialmente la omnipotencia de Dios y el poder de Dios que se refleja en la creación y el gobierno del universo. Enfatiza igualmente, en su doctrina de la providencia, la importancia de la sabiduría de Dios para gobernar a sus criaturas. Hemos hablado ya anteriormente de esta doctrina en la Sesión 2, expresando que la experiencia de la providencia de Dios es una de las fuentes para llevar a cabo su teología. Es una doctrina bíblica confirmada por la experiencia cristiana diaria. Wesley también enfatizó los atributos morales de Dios porque sentía que eran necesarios para la restauración de la imagen de Dios en el ser humano.

La Biblia llama a Dios el **Padre**. Para Wesley, este término se refería a la forma que tomaba la relación de Dios con sus criaturas. Él da por sentado que también se refiere a la vida interna de la Trinidad: *«Creo que en un sentido más profundo aun es el Padre de su único Hijo, a quien trajo desde la eternidad»* (VIII.171). Dios es el Padre de todas las cosas. Él las creo y las sostiene. Él es el Padre, especialmente de los ángeles y de los seres humanos. Él es el Padre de aquellos a quienes Él regenera de una manera especial a través del poder del Espíritu Santo, adoptándoles como sus hijos en Jesucristo.

Wesley aceptó la doctrina de la **Trinidad** como una de las doctrinas esenciales. Dios es un Dios Trino. Él es la Trinidad en la Unidad y la Unidad en la Trinidad. La realidad del Dios Trino no es un objeto de especulación, sino uno que está relacionado con la experiencia vital cristiana: *«El conocimiento del Dios Trino-Uno está entretejido con toda fe cristiana verdadera, con toda religión vital»*. Es aquí, especialmente, que la distinción que hace Wesley entre el **qué** y el **cómo** es importante. La Biblia ha revelado que Dios es el Dios Trino (Uno en tres Personas). La manera en que esto es verdad no ha sido revelado, así que especular sobre esto está fuera de nuestro alcance, como también lo está insistir en usar diferentes términos para describir esta realidad. La doctrina de la Trinidad es doctrina bíblica. Es algo también que pertenece a la experiencia humana y es vital a toda religión:

> *«Mas no conozco cómo alguien puede ser un creyente cristiano hasta que tenga, según el decir de san Juan, el testimonio en sí mismo; hasta que el* Espíritu mismo dé testimonio a nuestro espíritu de que somos hijos de Dios, *es decir, hasta que en efecto Dios el Santo Espíritu testifique que Dios el Padre le ha aceptado por medio de Dios el Hijo; y teniendo este testimonio honre al Hijo y al bendito Espíritu* como honran al Padre*»* (III.343).

Dios Hijo. La cristología de Wesley

La comprensión que tiene Wesley de la persona y obra de Jesucristo es muy tradicional. Es la segunda persona de la Trinidad encarnada. El lenguaje que él usa es un eco de las afirmaciones bíblicas sobre Cristo y de las declaraciones cristológicas clásicas siguientes encontradas en la antigüedad cristiana: el Credo de los Apóstoles, el Credo de Nicea del año 325 y las declaraciones dogmáticas del Cuarto Concilio Ecuménico de Calcedonia en el año 451. También aceptó una modificación de la «teoría de la satisfacción», una de las teorías sobre la expiación aceptada por muchos teólogos protestantes. Como su interés era la teología práctica, a él le interesaban más los aspectos de la cristología tradicional que afectaban directamente al creyente cristiano, especialmente la obra de Cristo.

La persona de Cristo

El Hijo eterno es Dios junto con el Padre y el Espíritu Santo. Dios es Uno en tres Personas. El Hijo es Dios de Dios, de la misma naturaleza con el Padre. Él fue el agente en la creación del universo y ahora está activo en sostenerlo. Porque nadie jamás podrá ver a Dios el Padre fue que Dios el Hijo manifestó a Dios en su propia persona en el Antiguo y el Nuevo Testamento. Fue Dios el Hijo, bajo el nombre de Jehová, quien habló a los patriarcas y a los profetas y reveló a Moisés su nombre divino.

Fue Dios el Hijo quien en la encarnación se convirtió en el verbo hecho carne. La palabra eterna de Dios se encarnó en un ser humano. El Hijo unió en una persona dos naturalezas, la divina y la humana. Fue concebido por el Espíritu Santo, nació de la Virgen María, padeció, murió y fue sepultado. Ascendió a los cielos y volverá otra vez a juzgar a los vivos y a los muertos.

Wesley se dedicó a reafirmar las cualidades personales de Jesucristo, el Dios-Hombre. Daba especial importancia a la justicia personal de Jesús, porque esta justicia sería la base de la justicia de los cristianos. Jesucristo era la imagen de Dios y el modelo definitivo de lo que el ser humano debería ser. En 1765, Wesley predicó su valioso *Sermón 20*, titulado *Señor, justicia nuestra*. Años después, cuando publicó sus sermones, colocó el *Sermón 20* en un lugar crucial en su coleccion de los sermones normativos, al principio de la serie sobre el *Sermón en la montaña*. Este sermón es una reflexión sobre Jeremías 23.6: «*Éste será su nombre con el cual le llamarán: Señor, justicia nuestra*». Esta justicia tiene dos dimensiones que corresponden a la naturaleza divina-humana de Cristo. Su **justicia divina** pertenece a su naturaleza divina, donde todas las cualidades de la justicia eterna de Dios son parte de él.

El segundo aspecto es la **justicia humana** de Cristo. Esta justicia, que lo convierte en el Mediador entre Dios y los seres humanos, tiene dos dimensiones también, una interna y otra externa. Su justicia **interna** es la imagen de Dios estampada sobre cada uno de los poderes y facultades de su alma. Es la copia de su justicia divina en lo que ésta pueda pertenecer a un espíritu humano. Aquí se refiere a cualidades tales como la misericordia, la verdad, el amor, la humildad y la sumisión a su Padre. Su justicia **externa** se refiere principalmente a su obediencia a Dios. Como él no cometió ningún pecado externo, esto se refiere a todo lo que Él hizo (su justicia activa) y todo lo que él sufrió (su justicia pasiva).

La Biblia enseña a los cristianos a orar a Jesucristo y éste es un testimonio de su naturaleza divina. Él fue el segundo Adán, *«la segunda cabeza de la humanidad»*, y su justicia se convirtió en la «*causa meritoria*» de la salvación humana.

La obra de Cristo

Si preguntamos por qué el Hijo de Dios se hizo humano, la respuesta de Wesley es que él vino como el Mesías. El término mesías quiere decir ungido. Él vino a cumplir los tres grandes ministerios por los cuales las personas eran ungidas en el Antiguo Testamento. Los profetas, los sacerdotes y los reyes eran ungidos para que pudieran llevar a cabo su trabajo. Cristo cumple en su ministerio con estas tres funciones. Estas funciones corresponden a las necesidades de los seres humanos dominados por el pecado. Al asumir cada uno de estos tres papeles, Jesucristo hace posible la salvación de la humanidad.

Los seres humanos, alejados de Dios por sus pecados, son incapaces de establecer la paz con Dios. Cristo, al convertirse en el Gran Mediador e Intercesor, cumple su primera función en el **ministerio sacerdotal**. Mediante su obediencia al Padre y muerte en la cruz, invierte la desobediencia de Adán y paga el precio de la restauración de la raza humana a la gracia de Dios. El pecado humano había ofendido al Dios justo y su ira necesitaba ser aplacada. Y esto fue lo que hizo Cristo, aplacar la ira divina tomando sobre sí los pecados del mundo. Su obediencia y muerte pagaron el precio de los pecados. Su ministerio sacerdotal continúa en el cielo, desde donde intercede por los pecadores.

Cuando observamos nuestras vidas, lo que vemos es una oscuridad total, una ceguera e ignorancia con respecto a Dios y las cosas de Dios. Por medio de su **ministerio profético**, Cristo ilumina nuestras mentes y nos enseña cuál es la voluntad completa de Dios. Él es la Sabiduría eterna de Dios; nos entiende y sabe todo lo que necesita saber sobre nosotros. Para Wesley, esto estaba especialmente presente en el *Sermón en la montaña,* donde el gran profeta declara a los seres humanos cuál es la voluntad de Dios.

También podemos ver en nosotros mismos cómo nuestros apetitos y pasiones se tornan ingobernables. En su **ministerio real** Cristo gobierna nuestros corazones y somete todas las cosas a su dominio. Tiene todo el poder en el cielo y en la tierra y reinará hasta que todo quede sujeto a sus leyes. Es el gran legislador, el gran dador de la ley que tiene el poder para hacer que se cumpla su voluntad. Otra vez, en el *Sermón en la montaña* lo percibimos no solamente como el profeta que revela la voluntad de Dios, sino también como el rey que puede hacer que esa voluntad se cumpla.

A Wesley le preocupaba mucho que la iglesia fuera a predicar a Cristo tomando en cuenta solamente su ministerio sacerdotal. Según su propia experiencia, Wesley creía que esto podría conducir a una completa falta de responsabilidad moral por parte de los cristianos y quería prevenir lo que llamó *«antinomianismo»* (estar «en contra de la ley»), que era una forma fácil de cristianismo que negaba cualquier forma de responsabilidad cristiana. Wesley estaba en contra de esta idea e insistía en que los cristianos tenían que obedecer los mandamientos de Dios según aparecen en la Biblia. Le era necesario, por lo tanto, subrayar el hecho de que Cristo no solamente era un sacerdote que pagó el precio por nuestra salvación, sino que era también un profeta que nos anunciaba la voluntad de Dios y un gran rey y legislador cuyos mandamientos tenían que ser obedecidos. La iglesia necesitaba predicar a Cristo en todos sus ministerios si no quería aparecer como culpable ante los ojos de Dios.

Dios el Espíritu Santo

El Espíritu Santo es la tercera persona de la Santa Trinidad. Es el espíritu eterno de Dios, el cual es igual al Padre y al Hijo y posee la santidad perfecta. Wesley nos ha dejado un resumen de sus enseñanzas sobre el Espíritu Santo en la sección I, párrafo 6 de *Un nuevo llamado a personas razonables y religiosas, Parte I:*

«Dios es el único autor de la fe y de la salvación. <u>Dios es el que obra en nosotros tanto el querer como el hacer.</u> Es el único dador de toda buena dádiva y el único autor de toda buena obra. No hay poder ni mérito humano, sino que todo mérito reside en el Hijo de Dios, en lo que ha hecho y sufrido por nosotros. Así que todo poder viene del Espíritu de Dios. Por consiguiente, toda persona, para poder creer para salvación, tiene que recibir el Espíritu Santo. Esto es esencialmente necesario para todo cristiano. No tanto para ser objeto de sus milagros como para recibir los <u>frutos</u> ordinarios <u>del Espíritu</u>: la fe, la paz, el gozo y el amor.

Aunque nadie en la tierra puede explicar el modo particular de obrar del Espíritu de Dios en el alma, cualquiera que tiene estos frutos <u>siente</u> que Dios los ha obrado en su corazón.

A veces el Espíritu de Dios actúa más particularmente en el entendimiento, abriéndolo, iluminándolo, (como dice la Escritura), y revelándonos, develándonos, descubriéndonos, <u>lo profundo de Dios</u>.

A veces el Espíritu actúa en la voluntad y en los afectos de la persona, librándola del mal, inclinándola al bien, <u>inspirándole</u> buenos pensamientos. Por eso se lo ha explicado por medio de la metáfora sencilla y natural de la respiración, como si el Espíritu respirara en nosotros. Precisamente, la palabra hebrea <u>ruah</u>, la griega <u>pneuma</u> y la latina <u>Spiritus</u> se usan en los idiomas modernos para referirse a la Tercera Persona de la Trinidad. Pero en cualquier for-

*ma que se exprese, lo cierto es que la verdadera fe, y
toda la obra de la salvación, todo buen pensamiento, palabra o acción, son obra del Espíritu de Dios»*
(VI.79-80).

El trabajo específico del Espíritu es convertir en realidad los beneficios del sacrificio del Hijo de Dios en el corazón del creyente. Es importante señalar que el Espíritu Santo
no tiene un programa independiente. Su agenda es la del Hijo
de Dios, y el trabajo de salvación es en realidad la obra de las
tres personas de la Trinidad. El Espíritu viene para *«aplicar la
sangre derramada»*. Como hemos visto, los tres ministerios
de Cristo, el de profeta, sacerdote y rey, son complementa-
rios y necesarios para hacer posible la salvación del ser humano. El trabajo del Espíritu Santo es convertir esta salvación
en realidad viva. Por lo tanto, el Espíritu enseña, hace real la
fe y establece un balance en las pasiones desordenadas de una
persona. Su obra especial es fomentar la santidad, para que el
cristiano sea santo como el Espíritu lo es. También el Espíritu
provee el poder que restaura la imagen perdida de Dios en los
seres humanos. No hay ningún aspecto del proceso de salvación que no pueda, por conducto del Espíritu Santo, convertirse en realidad para el creyente.

En sus enseñanzas sobre el Espíritu Santo, Wesley establece una distinción entre las **operaciones ordinarias** y las
operaciones extraordinarias del Espíritu Santo. La palabra
«operaciones» no se refiere a la forma en que obra el Espíritu
Santo, sino a los dones que provee o los frutos que produce. Las
operaciones normales del Espíritu son las que han sido descri-
tas en la cita anterior: los dones del Espíritu son para todos los
creyentes de todas las épocas para que se produzca en ellos la
verdadera santidad. Sobre los frutos del Espíritu encontraremos
innumerables pasajes bíblicos, como por ejemplo en Gálatas

5.22. Recibir los dones ordinarios del Espíritu es lo que Wesley quiere decir con su frase estar *«llenos del Espíritu Santo»*. Las operaciones extraordinarias del Espíritu son esas que aparecen en pasajes tales como Marcos 16.17-18, Hechos 2.16-17 y 1 Corintios 12.4-11. En la época de Wesley, la opinión que se tenía sobre estos dones era que ellos habían sido otorgados a la iglesia del Nuevo Testamento y que habían cesado al finalizar el primer siglo. Se referían a los milagros que los Apóstoles hicieron durante el transcurso de su misión. Wesley estaba mayormente de acuerdo con esta opinión, pero aseguraba que Dios podía usar su poder cuando él quisiera hacerlo y que el verdadero cristiano también podía recibir ese poder de Dios, quizás no en la misma forma en que los Apóstoles lo habían recibido, pero acaso en un sentido menor que no obstante podía ser igualmente real.

Wesley dedicó mucho tiempo defendiéndose en público contra los cargos de que él era un *«entusiasta»*. El **entusiasmo** es un término que se usó en el siglo XVIII en un sentido diferente al que tiene hoy en día. En la Inglaterra de esa época se utilizaba para describir una forma de fanatismo religioso y extravagante, una forma de locura espiritual caracterizada por un despliegue de emociones fuertes y experiencias de éxtasis. La acusación específica era que los entusiastas pensaban que ellos estaban personal e instantáneamente inspirados por el Espíritu Santo, sin que la Biblia, la tradición o la razón tuviesen que ver con su inspiración entusiasta. Wesley habló a menudo acerca de cómo el poder de Dios se estaba manifestando en el avivamiento evangélico. También habló de cómo se puede «sentir» al Espíritu Santo, la inspiración del Espíritu, las sanidades milagrosas y el poder de exorcizar demonios. Todo esto aparentemente abrió el camino para los cargos de que él y todos los metodistas eran entusiastas.

Wesley se defendió de éstos y de otros cargos y estos escritos aparecen en el tomo VI de *Las Obras de Juan Wesley.* La *Introducción,* redactada por Justo González, es de especial ayuda para entender estos problemas (VI.5-10).

Es obvio que Wesley incluye más de lo que él considera «ordinario» o común en las obras del Espíritu Santo que sus oponentes. Aun así, Wesley niega firmemente que él sea un «entusiasta», porque una de las características del entusiasmo es reclamar como verdad lo que es falso. Muchas de las supuestas manifestaciones del Espíritu son en realidad alucinaciones del espíritu humano o del diablo. Todo lo que Wesley dice sobre esto es verdadero porque no solamente la Biblia habla de la obra del Espíritu Santo, sino que también lo dicen los escritores de la antigüedad cristiana y los documentos de la Iglesia de Inglaterra. Wesley añade que él puede presentar testigos que pueden confirmar lo que la Biblia dice porque han tenido esas experiencias.

Wesley sabía que existía un *«entusiamo verdadero»* que había surgido en las primeras sociedades metodistas, especialmente en la década de 1760, y escribió sobre la naturaleza de este entusiasmo en su *Sermón 37. La naturaleza del entusiasmo* (II.361-379). En otro documento, aconsejó a su gente que no buscaran experiencias fantásticas y que su meta debería ser el amor que se describe en 1 Corintios 13, que es la experiencia más sublime al alcance de cualquier persona en este lado del cielo. Deberían probar a los espíritus para ver si en realidad vienen de Dios y usar la Biblia como criterio para juzgarlos:

> *«A partir de aquellas palabras, "Amados, no creáis a todo espíritu, sino probad los espíritus si son de Dios", les dije que uno no puede juzgar del espíritu por el cual cada uno habla, por las apariencias, o por un informe corriente, o por sus propios sentimientos*

internos. No. Ni tampoco por cualquier clase de sue-
ños, visiones o revelaciones, supuestamente dadas a
sus almas. Y menos por lágrimas o efectos involunta-
rios experimentados por sus cuerpos. Les advertí que
todas estas manifestaciones son en sí mismas de natu-
raleza dudosa y discutible; podrán ser de Dios y po-
drán no serlo. Por lo tanto, no debían simplemente
apoyarse en ellas (ni tampoco condenarlas), sino pro-
badas por otra norma: ser colocadas frente a la ley y
el testimonio» (VI.395-396).

Documentos para lectura y reflexión

Primeras lecturas

Dios el Padre:	*-Carta a un católico romano. 5-6*	(VIII.170-171)
	-Sermón 26. Sermón en la montaña VI. III.4-7	(II.143-147)
La Trinidad:	*-Sermón 55. Sobre la Trinidad*	(III.333-344)
	-Sermón 26. Sermón en la montaña VI. III.16	(II.157-160)
	Notas. 1 Corintios 2.8	(X.146)
Dios el Hijo:	*-Notas. Mateo 1.16*	(IX.320)
	-Carta a un católico romano. 7	(VIII.171-172)
	-Sermón 20. Señor, justicia nuestra. Int. I	(I.400-402)
Dios el Espíritu Santo:	*-Carta a un católico romano. 8*	(VIII.172)

-*Sermón 4.*   (I.73-75)
El cristianismo
bíblico. Int.1-5

-*Un nuevo llamado I.*   (VI.120-162)
V.1-28

Lecturas adicionales

La Trinidad. Dios el Padre:	- *Himno 23. Salve, oh santo, eterno Dios*	(IX.266-267)
	-*Sermón 54. Sobre la eternidad*	(III.317-331)
	-*Sermón 56. El beneplácito de Dios por sus obras*	(III.345-357)
	-*Sermón 69. La imperfección del conocimiento humano. I.1-4*	(IV.63-64)
Dios el Hijo:	-*Sermón 5. La justificación por la fe. I.7-9*	(I.102-104)
	-*Sermón 21. El sermón en la montaña I. Int.2*	(II.2-3)
	Notas. Juan 8.16, 8.19, 8.24	(IX.503-504)
	Notas. Filipenses 2.6-9	(X.261-262)
Dios el Espíritu Santo:	-*Sermón 17. La circuncisión del corazón. II.4*	(I.356)

-*Sermón 37.*   (II.361-379)
La naturaleza del
entusiasmo
-*Los principios*   (V.150-184)
explicados. IV-V
-*Carta a la Sra.*   (XIII.163-165)
Elizabeth Hutton.
22 de agosto
de 1744

Véanse también las siguientes lecturas del *Índice* al final de cada tomo. Busque bajo los siguientes tópicos que aparecen en orden alfabético:

La Trinidad:
  -*Dios (incluye la Trinidad)*
  -*juicio*
  -*justicia*
  -*divina*
  -*tetragrámmaton*
Dios el Hijo:
  -*abba*
  -*arrianismo*
  -*socinianismo*
  -*Credo de los Apóstoles*
  -*Credo de Atanasio*
  -*Cristo*
  -*pasión de Cristo*
  -*humillación y obediencia*
Dios el Espíritu Santo:
  -*entusiasmo*
  -*Espíritu Santo*
  -*milagros*
  -*profecía*

Preguntas para reflexión y discusión

1. Wesley dijo que la doctrina de la Trinidad era básica a la fe cristiana. Era la base para toda religión vital y su significado era parte de la experiencia personal. ¿Cree su iglesia en la Trinidad? ¿Predica y enseña sobre esto su pastor? ¿Por qué o por qué no?

2. ¿Qué quiere decir que Dios es "omnisciente" y "omnipresente"? ¿Qué aplicaciones prácticas tiene esta doctrina para los cristianos? ¿Cómo deben ser enseñadas en su iglesia?

3. ¿Será posible enseñar que Jesucristo fue "verdadero Dios" y "verdadero hombre" al mismo tiempo? ¿Cómo hablan ustedes sobre esto en su iglesia?

4. ¿Está usted de acuerdo con Wesley en que debemos predicar a Jesucristo en todos sus ministerios? ¿Qué significaría para nosotros si tomáramos en serio el hecho de que Jesús ejerció los oficios de rey, profeta y sacerdote? ¿Cuán cerca sigue usted los mandamientos y enseñanzas de Cristo?

5. Existe hoy mucho interés en el Espíritu Santo. ¿Cuán importante es enfatizar que la obra del Espíritu Santo es la misma de Jesucristo y que su principal ministerio es hacer posible y reales los beneficios de Cristo en el creyente cristiano? ¿Será posible perder esto de vista cuando estamos tan fascinados con la variedad de ministerios del Espíritu?

6. ¿Es el fenómeno del entusiasmo (en el sentido en que se le conocía en el siglo XVIII) real en nuestros tiempos? ¿Cómo puede usted saber si esta experiencia religiosa viene del Espíritu Santo o no?

Sesión 5: La gracia anticipante y la convincente

Un resumen de las ideas de Wesley

Al empezar esta serie de estudios sobre la teología de Juan Wesley, dijimos que su concepto clave, ese que domina todo lo demás que él dice, es la realidad de la salvación por la gracia. Hemos visto cómo afirma que el Autor de la salvación es el Dios Trino: todo el mérito está en el Hijo de Dios y todo el poder en el Espíritu de Dios. La obra del Hijo es la de restaurar el ser humano al favor de Dios. La obra del Espíritu Santo es proveer el poder para restaurar la imagen moral de Dios perdida en el ser humano. Gracia quiere decir que es Dios quien siempre toma la iniciativa en el proceso de salvación y que ésta es un regalo de Dios que se reclama a través de la fe.

La primera línea que aparece en el primer sermón de su colección de sermones normativos establece el tono para todo lo que sigue. Hablando sobre la gracia nos dice: *«Todas las bendiciones que Dios le ha conferido al ser humano vienen únicamente de su gracia, liberalidad y favor. Vienen de su favor inmerecido, totalmente inmerecido, puesto que no tenemos derecho alguno a la más mínima de sus misericordias»* (I.25).

El proceso de salvación puede ser tan abarcador como toda la obra de Dios, desde el primer despertar de la gracia en el alma humana hasta que el proceso finaliza en el cielo. Es cierto que la *«glorificación»* en el cielo es la culminación de este proceso, pero en sus enseñanzas y predicaciones Wesley habla mayormente sobre lo que él llama la *«salvación presente»*. Esta salvación incluye aquellas experiencias de gracia que son posibles para el cristiano auténtico en esta vida y que son la preparación necesaria para llegar a la plenitud del Reino de Dios después de la muerte.

El proceso de la salvación presente incluye ciertas etapas de las cuales la Biblia habla en la analogía de la fe y que son confirmadas por la experiencia viva de aquellos que responden a la iniciativa de Dios. Normalmente ésta es la forma en que Dios obra en las personas. Wesley identifica cuatro de estas etapas como: la gracia anticipante, convincente, justificadora y santificadora. Examinaremos el significado de las primeras dos etapas en esta sesión y el de las otras dos en las próximas sesiones.

La iniciativa de Dios en cada una de las etapas de este proceso necesita una respuesta humana para que sea verdaderamente efectiva. Cada ser humano debe esforzarse en hacer lo mejor que pueda para responder a Dios, utilizando el conocimiento del cual dispone en el momento indicado. Existe una regla que describe esto: *«La regla general según la cual invariablemente dispensa su gracia es la siguiente: "a todo el que tiene, se le dará; y a todo el que no tiene", a quien no haya aumentado la gracia recibida, "aun lo que tiene se la quitará"»* (IV.126). Si una persona recibe un regalo de Dios y no hace nada para cultivarlo, lo perderá. Cada persona debe ser un *«colaborador suyo»* en el proceso de la salvación. Al mismo tiempo que la gracia de Dios está obrando en cada persona, ésta debe participar en este proceso, trabajando por su propia salvación con temor y temblor.

La gracia anticipante

La frase «gracia preveniente» viene del latín *«gratia preveniens»* y era una frase usada tradicionalmente en la teología cristiana. Quiere decir literalmente la gracia que «viene antes» o que «precede», e indica el hecho de que la gracia de Dios siempre toma la iniciativa y se acerca al ser humano antes de que éste responda. Los traductores de *Las Obras de Juan Wesley* decidieron usar el término *«gracia anticipante»* porque expresa mejor la idea a los lectores hispanos.

Para Wesley, la gracia anticipante se refiere a todos los privilegios que Dios hace posible a toda la raza humana, aun antes de que vengan a él por medio de la fe que salva. Estos privilegios los hizo posible Cristo con su obediencia y muerte. Así como la desobediencia del primer Adán afectó a toda la raza humana, igualmente la ha afectado la obediencia del segundo Adán. Esto lo encontramos en Romanos 5.18: *«Así que, como por la transgresión de uno vino la condenación a todos los hombres, de la misma manera por la justicia de uno vino a todos los hombres la justificación de vida»*. En las *Actas de algunas de las últimas conversaciones entre el Rev. Sr. Wesley y otros,* con fecha del 25 de junio de 1744, aparece la pregunta de cómo la justicia de Cristo afectaba a todos los seres humanos. Wesley contestó: *«Por los méritos de Cristo, todos los hombres son limpios de la culpa del pecado de Adán. Además, a través de la obediencia y muerte de Cristo, (1) después de la resurrección los cuerpos de todos los hombres se convierten en inmortales. (2) Sus almas reciben la capacidad para la vida espiritual. Y (3), además reciben una porción o semilla de esa vida»* (*Works,* Jackson ed. VIII.277-278).

Entre las capacidades para la vida espiritual, Wesley habla por lo menos de tres. La primera es la restauración en todas las personas de cierto grado de libre albedrío. Los seres humanos en su estado natural han perdido su libre albedrío en cuanto a las cosas espirituales y morales se refiere. Todos nacen con una inclinación hacia el mal y, como la voluntad es débil, no pueden controlar sus pasiones. En Cristo, cierta capacidad para ejercer el libre albedrío ha sido restaurada en todas las personas. Esto quiere decir que la persona ya no está condenada a rechazar la salvación cuando se les presente, sino que pueden aceptarla libremente. Es restaurar la capacidad para poder empezar a cooperar con el Espíritu de Dios que está obrando en la persona.

Una segunda capacidad que ha sido restaurada a toda la gente a través de Cristo tiene que ver con cierto conocimiento de Dios. Siguiendo a Juan 1.9, Wesley nos dice lo siguiente: *«toda aquella luz por la cual el Hijo de Dios alumbra a todo hombre que viene al mundo, enseñando a todo hombre a hacer justicia, amor, misericordia y a humillarse ante su Dios».* La persona puede reconocer *«todas las convicciones que su Espíritu de tiempo en tiempo opera en todo ser humano»* (III.90).

La tercera capacidad que todo ser humano tiene es *«la conciencia».* Wesley dice que la mayoría de la gente piensa que la conciencia es una herencia natural de los seres humanos, pero eso no es así. La conciencia es un regalo de la gracia anticipante y toda la gente la posee, a pesar de que es más fuerte en algunas personas que en otras. Toda la gente tiene buenas intenciones alguna que otra vez, aunque la mayoría se deshace de ellas antes de que echen raíces en sus vidas. Hasta cierto punto, todo el mundo tiende a sentirse mal cuando hacen algo en contra de lo que les dicta su conciencia, y esta experiencia de sentirse incómodos por estos actos es el primer paso para comenzar a entender la voluntad de Dios.

Además de estas capacidades, el Espíritu Santo está obrando a menudo en la persona para llevarla a Dios. El Espíritu hace esto a través de los deseos que la persona siente de acercarse a Dios y agradarle. Algunas veces el Espíritu permite que las personas puedan recibir algunos de sus frutos tales como manifestaciones de alegría, paz y amor, que no son experiencias ilusorias sino provenientes de Dios. Pueden producirse también ciertos grados de bondad, fe, humildad y moderación que no serán simplemente sombras, sino hechos reales llevados a cabo por medio de la gracia anticipante de Dios.

Todas estas capacidades, regalos y anhelos son productos del sacrificio de Cristo y de la actividad del Espíritu Santo obrando en todas las personas. Están presentes aun antes de que las personas posean la fe necesaria para la salvación, y el propósito es el de llevarles hasta esa fe, o sea, llevar a los seres humanos a la salvación completa. A quien responda positivamente, Dios le honrará y le ayudará a continuar hacia el próximo paso del proceso de salvación, que es la gracia convincente. Si la persona responde negativamente, es dejada en su pecado.

La gracia convincente

El verdadero camino al Reino de Dios empieza en lo que Wesley llamó el *«portal»* de la salvación o el arrepentimiento. El Espíritu Santo obra en la persona a través de lo que llamó el *«convencimiento del pecado»*. Este proceso se llama también la *«gracia convincente»*, porque toda persona necesita ser convencida de su realidad personal interior. En la Sesión 3 hemos visto cómo los seres humanos han perdido la imagen moral de Dios y no lo saben. El pecado ha hecho un buen trabajo ocultándoles la verdad sobre su situación. Los sentidos espirituales han sido suspendidos y las personas están en un estado de sueño espiritual; no se dan cuenta de lo que está pasando. La gracia convincente es el proceso por el cual el Espíritu Santo despierta a los pecadores dormidos y los confronta con su verdad. Conocerse uno mismo es el corazón del arrepentimiento. Es el comienzo de la restauración del conocimiento sobre el propio ser y sobre Dios y los caminos de Dios perdidos por culpa del pecado.

Llegar a aceptar uno mismo que se encuentra en estado de pecado no es fácil para ninguna persona. Es un camino traumático lleno de ansiedad y de sufrimientos. Wesley mismo pasó por este proceso y lo describe de una manera muy conmovedora y elocuente. Fue también testigo de cientos de conversiones donde la gente, al convencerse de su muerte espiritual, expresaba con agonía sus sentimientos y regresaba al camino de la fe.

Según Wesley, el ser humano pasa por las siguientes etapas: la primera etapa es la del *«hombre natural»;* luego la de estar *«bajo la ley»* y, finalmente, *«bajo la gracia».* Lo que hace la gracia convincente es forzar a la persona a salir del estado natural, entrar al estado bajo la ley y luego, por medio de la gracia del Espíritu Santo, llegar finalmente a su salvación por la fe y vivir por la fe de ahí en adelante. El Espíritu puede utilizar cualquier método que él desee, pero el camino normal para despertar a los pecadores es a través de la predicación de la ley. Entre las funciones de la ley que explica la Biblia, la primera es convencer a las personas de sus pecados. La palabra de Dios es más afilada que una espada de dos filos y, cuando se está predicando sobre la ley o las demandas de Dios, las *«saetas del Todopoderoso»* (Job 6.4; Sal. 38.2) están dirigidas al corazón humano para herirlo y ponerlo bajo juicio. Ésta es la manera en que Dios rompe el corazón de piedra en pedazos. Éste era el método de predicación que Wesley utilizaba durante el avivamiento y él lo recomendaba a sus predicadores. Creía que deberían predicar la ley antes que el evangelio, porque el evangelio es la medicina para sanar el corazón herido. Predicar el evangelio antes que la ley es como ofrecer una medicina a un paciente antes de que éste sepa cuál es su necesidad.

Por algún acto inescrutable de la providencia, o por la predicación de la Palabra con el respaldo del Espíritu, Dios toca el corazón que está dormido en la oscuridad y en la sombra de la muerte. El velo que cubre el entendimiento de la persona se remueve parcialmente y entonces puede ésta discernir su condición real. Wesley dice que es una luz aterradora la que ahora ilumina el alma porque la persona descubre varias cosas. La primera es la realización del estado de pecado en que se encuentra, cuando hasta ahora había creído que estaba bien y que era cristiana. Descubre también que todas las facultades de su alma están completamente corruptas y torcidas. Estas raíces producen ramas rotas y frutos malos y amargos. La persona descubre igualmente que el pago del pecado es la muerte, tanto temporal como eterna, y que no hay nada que pueda hacer por sí misma para lograr la paz con Dios. Se da cuenta de que su voluntad está inclinada hacia el mal y que no tiene poder para corregir la situación. Se siente completamente indefensa.

Esta persona descubre también algo que no sabía sobre Dios: este Dios de amor y misericordioso es también un fuego que consume. Es un Dios justo y temible que paga a cada persona de acuerdo con sus obras y cuya ley es más profunda de lo que había pensado, porque esta ley no solamente cubre la conducta exterior de la persona, sino también la interior. Por lo tanto, es una ley que juzga las motivaciones y llega hasta lo más íntimo del corazón, donde solamente los ojos de Dios pueden penetrar.

Como resultado de todo este conocimiento propio al que ha despertado, la persona quiere entonces cambiar y esto también es parte del proceso de arrepentimiento. Surge un deseo ardiente de cambiar, dejar de hacer el mal y aprender a hacer el bien. Pero también surge una gran tristeza en el corazón de la persona por haberle dado la espalda a tantas bendiciones perdidas. Hay un gran remordimiento y la persona se condena a sí misma por haberse destruido. Y surge lo que Pablo llama *«el espíritu de esclavitud»* (Rom. 8.15). Esto es, vivir llenos de miedo. La persona siente miedo a la ira de Dios, miedo a la muerte, miedo a otras personas, miedo a todo. Es como una parálisis donde la gente siente miedo hasta de las sombras y sus facultades mentales pueden muchas veces afectarse.

Wesley tuvo abundantes oportunidades de observar la forma extraña en que a veces obraba la gracia convincente durante el Avivamiento Evangélico. Wesley se refirió a esto como *«circunstancias exteriores extraordinarias»*, y en algunas de sus predicaciones en Bristol y Londres durante los primeros años de su ministerio habló sobre ello. Decía generalmente que las *«saetas del Todopoderoso»* estaban alcanzando a sus oyentes y que la gente se desplomaba en el piso llorando y gritando de dolor. A menudo decían que se veían envueltos en el fuego del infierno o decían que el diablo los estaba tentando. A veces sudaban, y en su sufrimiento se convencían de que eran pecadores perdidos. Como estos fenómenos extraños ocurrían usualmente durante la experiencia de conversión, Wesley se los atribuía a los efectos del proceso de la gracia convincente.

Como muchas de estas experiencias están registradas en su *Diario,* muchos de sus críticos no solamente lo acusaron de ser «entusiasta», sino de guiar a sus oyentes a estados de locura. Una de las respuestas de Wesley a estas acusaciones viene de los mismos documentos de la Iglesia Anglicana. De las *Homilías* usa la siguiente cita *Sobre el Ayuno, Pte. I:*

> *«Cuando las personas <u>sienten</u> dentro de sí la pesada carga del pecado y ven la condenación como su pago y contemplan con los ojos de su mente el horror*

del infierno, tiemblan, se estremecen y son íntima-
mente tocados por la aflicción de corazón y no tienen
a quién culpar sino a sí mismas. Entonces exponen
su pesar delante de Dios y claman por misericordia.
Como esto se hace con toda seriedad, su mente que-
da inválida por mucha pena y tristeza y por un deseo
ardiente de ser librados del peligro del infierno y la
condenación. A tal punto que no tienen deseos de co-
mer o beber, y se apodera de ellos una repugnancia
por las cosas y los placeres del mundo. Nada les pa-
rece más indicado que llorar, lamentar, condolerse y
expresar en palabras y conducta su hastío de la vida»
(V.191; VI.195-196).

Wesley decía que estas personas que criticaban a los metodistas por actuar de esta manera en el proceso de conversión
estaban realmente *«hiriendo la Iglesia»* cuando lo atacaban a él.

Wesley conocía muy bien la relación e influencia que
existía entre el cuerpo y la mente y que si uno estaba afectado,
el otro reaccionaría negativamente. Pero Wesley aclaraba que
el Espíritu Santo no tiraba a la gente al piso o les hacía gritar
de dolor. El Espíritu estaba obrando a través de la gracia convincente y el estado mental de angustia que esta experiencia
causaba se expresaba exteriormente en estas reacciones y no
representaba un estado de locura.

Había algunas experiencias que el criterio normal no
cubría. Wesley estaba convencido de que algunas veces el
diablo se aprovechaba de la angustia que sentían las personas durante la experiencia de conversión para conducir a algunas de ellas a la desesperación. El fenómeno de la posesión
por demonios estaba bien claro en la Biblia y Wesley decía
que él presenció muchas veces situaciones similares a lo que
los relatos bíblicos describen. Relata también situaciones de

posesión de demonios donde él hubo de practicar lo que hoy se llama el ministerio de liberación. Wesley era un pensador muy cuidadoso y creía que, ayudado por la razón, podía diferenciar un fenómeno de otro, podía saber cuál era creado por una enfermedad mental y cuál era creado por un poder sobrenatural maligno. La forma de saber si el Espíritu Santo está obrando a través de su gracia convincente es por el resultado de la oración: que la persona queda liberada de su angustia. Igualmente ocurre en los casos de posesión. La liberación también ocurre en la persona que está poseída por un mal sobrenatural. A través de la oración y la intervención del Espíritu Santo la persona vuelve a su estado normal, se tranquiliza y se llena de paz. Esto puede ocurrir en un instante.

Algunas veces la persona no recibe el regalo de la fe y la salvación plena en el momento del arrepentimiento y tiene que esperar. ¿Qué puede hacer mientras espera? Una opción era la que decían los moravos: uno debe esperar pacientemente sin hacer nada. La opción de Wesley era: uno debe esperar activamente, haciendo todo lo posible por obedecer a Dios y actuar de acuerdo con la luz que ha recibido. Debe hacer todas las *«obras dignas del arrepentimiento»* que pueda, que por lo general eran dos: las obras de misericordia y las de piedad. Las obras de misericordia son todas aquellas que la Biblia menciona; por ejemplo, dar de comer a los hambrientos y proveerle ropa a los pobres. Estas obras no son propiamente *«obras buenas»* todavía, porque no están motivadas por la fe y el amor, pero debe hacerlas en obediencia a la voluntad de Dios.

Las obras de piedad son esas disciplinas espirituales llamadas *«medios de gracia»,* y Wesley las describe en detalle en el *Sermón 16.* Los medios de gracia principales son la oración, el estudio de la Biblia y participar en la Cena del Señor. Si uno está buscando la gracia de Dios, debe esperar por ella utilizando los medios que el mismo Dios ha provisto. Aun antes de tener fe debe recurrir a estos *«medios de gracia»* porque su uso es uno de los caminos por los cuales una persona puede llegar a la fe. Debe participar de la Cena del Señor porque, como Wesley decía, ésta era *«una ordenanza* (sacramento) *capaz de convertir»*. Wesley conoció a muchas personas que fueron convertidas mientras tomaban el sacramento. El que busca a Dios debe utilizar todos los medios de gracia disponibles porque nadie sabe cuándo el Señor va a cambiar su vida por medio de uno de ellos.

Documentos para lectura y reflexión

Primeras lecturas

Gracia anticipante:	*-Sermón 43. El camino de salvación según las escrituras. I.1-2*	(III.90-91)
	-Sermón 85. Trabajando por nuestra propia salvación.	*II.1* (IV.119-121) *III.4* (IV.124-125)
Gracia convincente:	*-Sermón 7. El camino del Reino. II.1-7*	(I.140-145)
	-Sermón 9. El espíritu de esclavitud y el espíritu de adopción I.1-8.-II.1-10	(I.167-179)

Lecturas adicionales

Gracia anticipante:	*-Sermón 1. La salvación por la fe. Int. 1-3*	(I.25-26)

	-*Sermón 11. El testimonio del Espíritu II. V.4*	(I.225-226)
	-*La predestinación: una reflexión desapasionada. 45-51*	(VIII.315-322)
	-*Carta a John Mason. 21 de noviembre de 1776*	(XIV.137-138)
Gracia convincente:	-*Sermón 5. La justificación por la fe. III.5-6*	(I.109-110)
	-*Sermón 16. Los medios de gracia*	(I.315-341)
	-*Sermón 34. Origen, naturaleza, atributos y finalidad de la ley. IV.1-2*	(II.319-320)
	-*Los principios explicados. VI.4*	(V.190-192)
	-*Un nuevo llamado I. VII.11-14*	(VI.194-199)
	-*Diario 3. Prefacio*	(XI.91-94)
	20 de abril-13 de julio de 1739	(XI.106-112)

Véanse también las siguientes lecturas del *Índice* al final de cada tomo. Busque bajo los siguientes tópicos que aparecen en orden alfabético:

-*arrepentimiento*
-*contrición*
-*gracia de Dios*
-*anticipante*

Preguntas para reflexión y discusión

1. Wesley dijo que la vida y sacrificio de Cristo permitían a la gracia anticipante de Dios obrar en todas las personas. Él fue el segundo Adán. Si esto es cierto; ¿habrá una presencia del Dios Trino en las religiones no cristianas como el islam y el budismo? ¿Cuán válidas son? Dé sus razones.

2. ¿De qué manera influye en su propio ministerio la realidad de que el Espíritu Santo obra en todas las personas? Si el Espíritu obra en las personas aun antes de que tengan fe en Cristo; ¿qué quiere decir esto con respecto a la evangelización y consejería de personas no cristianas? ¿Cómo deberán esta evangelización y consejería llevarse a cabo para que estas personas puedan conocer a Cristo?

3. ¿Puede usted dar testimonio de que Dios obraba en usted aun antes de que usted tuviera fe? Comparta su experiencia.

4. ¿Qué pasaría en su ministerio si usted toma en serio la idea de Wesley de que deberíamos predicar la ley a las personas antes que el evangelio?

5. ¿Experimentamos nosotros en nuestro tiempo el proceso de arrepentimiento como una experiencia traumática y llena de angustia según Wesley describía las del siglo XVIII? Dé algunos ejemplos de su propia experiencia o de las que usted haya sido testigo y compárelas con las que Wesley describe. ¿Cómo se hizo usted cristiano?

6. ¿Cuál es su reacción a la idea de Wesley de que la Cena del Señor es un medio de gracia y un medio de conversión? ¿Deberían las pesonas participar de la comunión antes de tener fe si están seriamente buscando la fe?

Sesión 6: El regalo de la fe y la gracia justificadora

Un resumen de las ideas de Wesley

El regalo de la fe

Según Marcos 1.15: *«El tiempo se ha cumplido, y el reino de Dios se ha acercado; arrepentíos, y creed en el evangelio».* Para Wesley, el Reino es la experiencia de la salvación completa. El *«portal»* de la salvación es el arrepentimiento y la fe es lo que él llama la *«puerta».* La fe que salva es un regalo del Espíritu Santo, elaborado por el poder de Dios, especialmente para aquellos que activamente esperan por la fe mientras gimen bajo la convicción de su necesidad.

Cuando Wesley habla de la naturaleza de la fe, está hablando desde su propia experiencia. La conversión que tuvo en Aldersgate fue la experiencia que lo llevó a encontrarse con lo que llamó la *«fe viva».* Fue en este encuentro donde los pasajes bíblicos que hablan sobre la fe se convirtieron en extremadamente personales e intensamente reales para Wesley. Antes de tener esta experiencia, la idea de una fe viva había sido sólo una teoría general para él. Aldersgate también fue la respuesta al problema de la *«seguridad que provee fe».* Desde sus días en la Universidad de Oxford se sintió obsesionado con el problema de cómo una persona podía saber si era un cristiano verdadero. La vida disciplinada adoptada por Wesley era su forma de resolver el problema de la inseguridad que sentía ante su salvación. En la experiencia en Aldersgate recibió dos regalos, el de la seguridad de su salvación y el de la fe viva.

La fe tiene varias dimensiones. Primero puede significar la **aprobación intelectual** de todas las doctrinas del credo de la iglesia y también de las del Antiguo y Nuevo Testamento. Ésta era la opinión de Wesley al principio de su ministerio y esto es lo que creen los cristianos nominales usualmente sobre la naturaleza de la fe. Es *«un asentimiento especulativo, racional, frío y sin vida»* (I.28). Aun los demonios creen todo lo que los credos y la Biblia dicen, y Wesley a menudo decía que esta fe intelectual es la **fe de un demonio**. No se debe negar por completo la aprobación intelectual de la fe, pero hay que entender que es la parte menos importante de la fe. La verdadera fe va más allá de la razón y es una disposición del corazón.

La segunda dimensión de la fe es aquella que le da al creyente **confianza** en Dios, y Wesley la llama la *«fe viva»*. Quiere decir tener fe en Cristo y no solamente en un Dios en sentido general. Esto es algo que Wesley tuvo que aprender en su propia vida. *«Es una segura confianza en la misericordia de Dios a través de Jesucristo. Es una confianza en el Dios perdonador»* (I.146). Wesley escribió un pasaje hermoso sobre esta dimensión de la fe en un sermón que predicó alrededor de un mes después de su experiencia en Aldersgate, el *Sermón 1. La salvación por la fe:*

> *«La fe cristiana, por lo tanto, no es sólo el asentimiento a todo el Evangelio de Cristo, sino también una confianza plena en la sangre de Cristo, una esperanza firme en los méritos de su vida, muerte y resurrección, un descansar en él como nuestra expiación y nuestra vida, como quien ha sido dado por nosotros y vive en nosotros. Es una confianza segura que el ser humano tiene en Dios, que mediante los méritos de Cristo sus propios pecados han sido perdonados y uno ha sido reconciliado al favor divino. Es, en consecuencia de ello, acercarse y asirse a él como nuestra <u>sabiduría,</u>*

justificación, santificación y redención o, en una sola palabra, como *nuestra salvación»* (I.29).

La tercera dimensión de la fe tiene que ver con la interpretación que Wesley tenía de Hebreos 11.1: *«Es pues la fe la certeza de lo que se espera, la convicción de lo que no se ve».* La palabra griega *élegkos* quiere decir *«convicción»* y Wesley la usó a menudo para explicar lo que él quería decir. En general, la fe aquí es una prueba divina sobrenatural o creencia en realidades que no se pueden ver. Es la **convicción** de la realidad de un mundo que es invisible a nuestros sentidos físicos. Un mundo que tiene que ver con cosas que pueden ser lo mismo pasado que futuro o espirituales. Esta convicción da sentido a eventos pasados como la muerte de Cristo y nos dice lo que va a sucedernos en el futuro si somos fieles. Nos revela también la condición espiritual real de nuestros corazones. Percibimos aquí una doble acción del Espíritu Santo. Primeramente, provee a la persona de una luz divina que abre los ojos de la mente a las realidades de Dios y de las cosas de Dios. Luego, provee poder de discernimiento para que la persona pueda entender. La fe, entonces, funciona como una especie de sentido espiritual, siendo para el mundo espiritual lo que los sentidos físicos normales son para el mundo natural. La persona que recibe esta fe puede entonces conocer a Dios, especialmente en la persona de Jesucristo. Puede escuchar la voz de Dios diciéndole que sus pecados le son perdonados. Puede gustar *«la buena palabra de Dios y los poderes del siglo venidero»* (He. 6.5). Puede sentir la presencia de Dios y percibir la realidad de todo ese mundo invisible como también percibir las cosas eternas.

A través del proceso de la conversión, esta fe adquiere un sentido especial: *«La fe justificadora significa no sólo la evidencia o convicción divina de que Dios estaba en Cris-*

to reconciliando consigo al mundo, sino una confianza y seguridad de que Cristo murió por mis pecados, de que me amó y se dio a sí mismo por mí» (I.111). La persona que escucha el mensaje del evangelio según está expresado en las palabras de 2 Corintios 5.19 no solamente las entiende y las cree, sino que esas palabras se vuelven realidad dentro de ella. La fe, pues, personaliza al evangelio de manera particularmente intensa. La última parte del pasaje citado aparece también en el *Diario* de Wesley donde cuenta su experiencia en Aldersgate del 24 de mayo de 1738. Las palabras *«mis»*, *«me»* y *«por mí»* están subrayadas para enfatizar cuán personal fue esta experiencia para Wesley.

En el lenguaje formal del siglo XVIII, la convicción era denominada como la *«fe de la seguridad»* y la confianza como la *«fe de la adhesión»*. Wesley explicó que, en el orden de la experiencia, la *«fe de la seguridad»* precedía a la *«fe de la adhesión»*. Esto en nuestro tiempo quiere decir que la confianza viene después del conocimiento, porque una persona no puede poner su confianza en algo que no conoce. Wesley enfatiza esto frecuentemente, insistiendo en que el conocimiento siempre ocurre primero que la respuesta. En la experiencia del arrepentimiento, sólo cuando el Espíritu Santo revela a la persona lo que ella es en realidad es que esta persona puede tomar la decisión de cambiar. Ocurre lo mismo con respecto a la experiencia de la fe. La fe como *«convicción»* de la verdad de lo que el conocimiento humano normal no puede entender precede la respuesta de la *«confianza»*. El Espíritu Santo guía todo este proceso, que es un regalo de la gracia de Dios.

En los años de su vejez, Wesley comenzó a especular sobre la naturaleza de la realidad invisible y sobre lo que sucedería en el más allá a las almas de los justos e injustos después de la muerte. Sus reflexiones lo llevaron a pensar que la fe, en el sentido de convicción, también quería decir sensibilidad hacia el destino futuro de las almas dentro de la eternidad de ese mundo invisible. Pensaba que los cristianos podían llegar a conocer algo sobre la promesa del retorno de Cristo y sobre las consecuencias del juicio final. De este tema hablaremos en la Sesión 9.

Señalaba Wesley también que la fe puede obtenerse en forma gradual. Podía en un principio ser débil y llena de dudas. Y podría también una persona poseer cierto grado de fe justificadora aun antes de estar completamente segura de tener una clara percepción de que Cristo moraba en ella. En el *Sermón 106,* titulado *Sobre la fe,* escrito en 1788 (este sermón no fue incluido en *Las Obras de Juan Wesley*), Wesley confiesa que, cuando ellos empezaron a predicar la salvación por la fe, los metodistas no estaban suficientemente familiarizados con la diferencia entre un *«siervo»* y un *«hijo»* de Dios. No entendían que Dios acepta a todo el que *«le teme y hace justicia»* y, como consecuencia, muchas veces sin querer *«entristecieron los corazones de aquellos a quienes Dios no quería entristecer».* Por ejemplo, Wesley dice que muchas veces, si las personas no podían contestar afirmativamente a la pregunta de si sabían que sus pecados les eran perdonados, los pastores entonces entristecían sus corazones diciéndoles que eran hijos del diablo. No entendían que un ser humano que genuinamente teme a Dios y trata de hacer lo mejor puede ser aceptado por Dios, a pesar de que todavía es un siervo y no un hijo. Si un siervo no se detiene en su camino hacia la salvación, será adoptado como hijo y podrá participar en cierta medida de la salvación por la fe. Su habilidad para darse cuenta de su estado de corrupción y su necesidad indica que ya posee una porción de fe como *«convicción»,* pues sus ojos han sido abiertos. El arrepentimiento, como vemos, significa que la persona posee un poco de fe. Esta distinción entre la fe de un siervo y la fe de un hijo era parte del entendimiento que tenía Wesley de su propia experiencia. En los días después de la experiencia en Aldersgate, Wesley a menudo decía que él no había sido cristiano antes de recibir el regalo de la seguridad y la confianza. Mirando hacia atrás años después, dijo que en aquella época él todavía no tenía la fe de un hijo sino la de un siervo.

Hay otras formas de fe mencionadas por Wesley que son reales pero todavía incompletas si se miden por la norma de la fe viva. La primera es *«la fe de un pagano»*. Dios exige que aun las personas que no son cristianas crean que existe un Dios que recompensa la virtud moral. Se espera que estas personas sean justas y misericordiosas con todas las criaturas. Deberán creer en el ser y los atributos de Dios; en un estado futuro donde existen recompensas y castigos, y en la necesidad de la moralidad. Para aquellas personas que nunca han oído hablar de Cristo, Dios usa estas normas como su base de juicio. Según Hechos 10.34-35, Dios les acepta con base en la iluminación mental que tengan y en cómo respondan a esa iluminación.

La otra forma de fe es *«la que los apóstoles tuvieron mientras Cristo estuvo en la tierra»*. De tal forma creyeron en Cristo que dejaron todo para seguirlo; pudieron hacer milagros y fueron enviados por él a predicar el evangelio. A pesar de esto, su falta de fe era grande y no fue hasta después de que recibieron el poder del Espíritu Santo que recibieron la fe que lleva a la salvación.

La gracia justificadora

Si el arrepentimiento es el portal y la fe es la puerta, la salvación es el reino. La salvación presente tiene dos dimensiones básicas: justificación y santificación. Éstos son los dos pilares de la predicación de Wesley. Una tercera dimensión de la salvación es la *«glorificación»*, que es la culminación en el cielo del proceso de salvación. Cuando una persona recibe el regalo de la fe viva, está justificada y santificada, y Wesley predica sobre estas dos doctrinas, la justificación por la fe y la santificación por la fe. Si hablamos de la experiencia de la fe, tanto la justificación como el nuevo nacimiento (que es el principio de la santificación) ocurren simultáneamente y pueden también ocurrir instantáneamente. Pero, en el orden mental, la justificación precede a la santificación y así las presenta Wesley. Siguiendo el ejemplo de Wesley, estudiaremos el significado de justificación en esta sesión y el significado del nuevo nacimiento y la santificación en la próxima sesión.

Tan pronto una persona cree en Cristo, está justificada por la pura gracia de Dios. Justificación presente simplemente quiere decir el perdón de los pecados o la aceptación de una persona por Dios. La persona queda librada tanto de la culpa como del castigo del pecado. Esto incluye el pecado original o el actual, el pecado pasado o presente, el de la carne o el del espíritu. En varios pasajes Wesley compara la justificación con el nuevo nacimiento o la santificación y usa ciertas frases para describir su naturaleza. Se refiere a un cambio en la *«relación»* de la persona con Dios y significa que la persona ha sido restaurada al *«favor»* de Dios. Esto es lo que Dios hace *«por»* los seres humanos a través de su hijo Jesucristo. La justicia de Cristo es *«imputada»* al creyente y significa un cambio *«relativo»* donde el pecado es *«removido»* de la persona.

La aceptación de Dios no tiene nada que ver con nuestra santidad o nuestras buenas obras. Nada que el ser humano pueda hacer amerita perdón. Jesucristo es la única *«causa meritoria de nuestra justificación»* porque sólo la muerte y

la rectitud de Cristo son la causa para esa justificación humana. Cuando una persona llega a creer, el sacrificio de Cristo es *«aplicado verdaderamente al alma del pecador»* y sus
pecados le son perdonados. Aunque las Escrituras no afir-
man expresamente que Dios le imputa a la persona la justicia de Cristo, sí dicen que la *«fe le es imputada»* al creyente
por justicia (Ro. 4.3-5). Todas esas expresiones, al igual que
las ideas que se refieren a *«investir»* o *«cubrir»* con la justicia de Cristo, simplemente quieren decir que Dios acepta al
creyente gracias a la rectitud de Cristo y no por méritos personales. O sea que estos creyentes, nos dice Wesley, son acep-
tados por gracia únicamente *«justificados gratuitamente por
su gracia, mediante la redención que es en Cristo Jesús»* (Romanos 3.24).

Otra forma de preservar la primacía de la gracia en el
proceso de salvación es decir que las personas son justificadas por fe únicamente y no por buenas obras. Ninguna buena
obra puede verdaderamente estar presente con anterioridad a
la aceptación del creyente por Dios, ni tampoco ninguna obra
puede ser condición para esta aceptación. Hasta este momento las personas son impías y, por lo tanto, incapaces de realizar ninguna buena obra, porque antes de la justificación todas
las obras por naturaleza son pecaminosas. No son buenas en
el sentido cristiano porque no han surgido de la fe en Cristo.
El deseo divino es que todas las obras se realicen en el amor
y esto no es posible hasta que el amor de Dios se derrame sobre los corazones de los creyentes. Toda obra verdadera, por
lo tanto, surge después de la justificación, porque emerge de
la fuente verdadera, de la fe viva.

A pesar del hecho de que las personas deben realizar
obras de piedad y misericordia antes de ser justificadas, estas
obras no son *«condición necesaria»* para su justificación. La

única condición es la fe en Cristo. Esto significa simplemente que la fe *«es la única condición sin la cual nadie es justificado, la única cosa que es requisito inmediatamente, absolutamente indispensable para obtener el perdón»* (I.113).

Hay un segundo sentido que Wesley da a la palabra justificación. Esto se refiere no a la justificación presente de la cual hemos estado hablando, sino a la *«justificación final»* el día del Juicio Final. Y en ese día de justificación final las buenas obras serán aceptadas como *«condición»* final de salvación. Estas buenas obras, por lo tanto, serán parte necesaria de *«la santidad, sin la cual nadie verá al Señor»* (He. 12.14).

La seguridad completa que acompaña a la fe

Lo que conocemos hoy como la doctrina de la seguridad cristiana era algo muy importante para Wesley y los primeros metodistas. Aunque a esta idea no se le había otorgado mucha importancia en las prédicas cristianas, Wesley puso mucho énfasis en esto como resultado de su experiencia personal y su convicción de que Dios mismo había inspirado a los metodistas para que enfatizaran la idea de la seguridad de la fe.

En los primeros años, obsesionado Wesley con el problema de cómo poder saber que él era un verdadero cristiano, trabajó con diligencia en el análisis personal para descubrir los defectos que en su propia vida necesitaba corregir para poder ser salvo, y pasaba horas tomándose la temperatura espiritual. Wesley comprendió la inutilidad de tratar de salvarse a sí mismo por esfuerzo propio. La experiencia de la salvación por la gracia a través de la fe que tuvo en Aldersgate fue lo que le permitió poner su vida en orden. Conjuntamente con el regalo de una fe viva, recibió la seguridad de la salvación que buscaba y necesitaba: *«Yo sentí un extraño ardor en mi corazón. Sentí que confiaba en Cristo, sólo en Cristo para la* *salvación, y recibí una seguridad de que Él me había quitado todos mis pecados, aun los míos, y me había <u>librado de la ley del pecado y de la muerte</u>»* (XI.64).

Cuando comenzó a predicar la doctrina de la total seguridad de la fe, Wesley recibió muchas críticas, clasificándolo como *«entusiasta»* porque insistía en que el Espíritu Santo mismo testificaba directamente a la persona, asegurándole que ella era una hija de Dios. Usualmente utilizó Romanos 8.16 como la fuente bíblica para su prédica: *«el Espíritu mismo da testimonio a nuestro espíritu de que somos hijos de Dios».* En su colección de sermones normativos, Wesley incluye tres sermones que se refieren a esta experiencia: *Sermón 10. El testimonio del Espíritu, I* (1746); *Sermón 11. El testimonio del Espíritu, II* (1767); *Sermón 12. El testimonio de nuestro propio espíritu* (1746). El lapso de tiempo entre el *Sermón 10* y el *Sermón 11* es de aproximádamente 20 años, y Wesley nos dice que durante ese tiempo no ha tenido razón alguna para cambiar de opinión sobre este asunto.

En ambos sermones Wesley define el testimonio del espíritu en exactamente la misma forma: *«que el testimonio del Espíritu es una impresión interna en el alma por medio de la cual el Espíritu de Dios directamente <u>da testimonio a mi espíritu de que yo soy un hijo de Dios; que Jesús me amó y se dio a sí mismo por mí</u>; que todos mis pecados han sido borrados, y que aun yo mismo estoy reconciliado con Dios»* (I.195; I.211). Es fácil reconocer en el pasaje citado un eco de lo que Wesley escribió sobre su experiencia en Aldersgate. En la Sesión 2 hemos utilizado esta cita para ilustrar cómo Wesley utiliza la *«experiencia»* como fuente de su quehacer teológico.

La palabra *«directamente»* en la anterior cita de Wesley es muy importante porque plantea el problema de si se refiere o no a un testimonio directo o indirecto del Espíritu.

Concluye que la experiencia es no solamente directa cuando la persona se da cuenta
inmediatamente de ser hijo de Dios, sino que también es una experiencia *«ordinaria»*, accesible a todos los cristianos, y no una experiencia *«extraordinaria»* accesible a unos pocos solamente. Así lo expresa Wesley: *«Él trabaja en el alma por medio de su influencia cercana y por una operación poderosa, aunque inexplicable, de manera que los vientos tempestuosos y las olas turbulentas se calman y viene una dulce paz. El corazón descansa en los brazos de Jesús y el pecador se convence completamente de que está reconciliado con Dios y que sus iniquidades han sido perdonadas y cubiertos sus pecados»* (I.211-212).

Hay una segunda clase de testimonio, el *«indirecto»*, que es igualmente necesario al que Wesley llama *«el testimonio de nuestro espíritu»*. Es un regalo del Espíritu Santo *«para que sepamos lo que Dios nos ha concedido»* (1 Corintios 2.12). Este conocimiento de uno mismo es indirecto porque es el resultado de la razón humana, que le indica a la persona que es hija de Dios. Esto es especialmente cierto cuando la persona tiene la seguridad de que su conciencia está clara. Si la persona ve dentro de sí los frutos del espíritu como el amor, la paz, el gozo (Gá. 5.22-23), podrá concluir que es una cristiana verdadera. Este proceso es también el trabajo del Espíritu Santo y es parte de la fe como *«convicción»* que produce el verdadero conocimiento del ser. El Espíritu Santo nos guía en nuestras buenas obras y nos da la seguridad de que esto es verdadero. Podemos estar conscientes de esta realidad igual que podemos darnos cuenta de nuestros sentimientos puramente humanos. Cuando amamos a alguien y estamos contentos con esta relación no existe ninguna duda en nuestras mentes sobre la verdad de este amor. Lo mismo sucede con el cristiano: puede percibir aun las mas íntimas inclinaciones de su alma. El cristiano tiene dos testigos disponibles: el testimonio directo del Espíritu y el testimonio indirecto de su propio espíritu. Los dos testimonios trabajan juntos para que toda persona pueda ser justificada y saberlo. De estos dos, el testimonio directo precede al indirecto y es necesario en momentos de sufrimiento extremo cuando el testimonio indirecto parece estar escondido del creyente. Los dos provienen del trabajo del Espíritu Santo y los dos son los grandes privilegios otorgados a los hijos de Dios.

Documentos para lectura y reflexión

Primeras lecturas

-*Sermón 1. Salvación por la fe*	(I.25-40)
-*Sermón 5. La justificación por la fe*	(I.117-132)
-*Sermón 20. Señor, justicia nuestra. II.1-20*	(I.402-416)
-*Sermón 43. El camino de la salvación según las escrituras. II.1-III.2*	(III.94-98)

Lecturas adicionales

-*Sermón 6. La justicia por la fe*	(I.117-132)
-*Sermón 7. El camino del reino. II.8-13*	(I.145-148)
-*Sermón 10. El testimonio del Espíritu, I*	(I.189-208)
-*Sermón 11. El testimonio del Espíritu, II*	(I.209-226)
-*Sermón 12. El testimonio de nuestro propio espíritu*	(I.227-243)
-*Los principios de un metodista. 1-10*	(V.29-35)
-*Un llamado ferviente. 1-11; 57-66*	(VI.11-16; 42-49)
-*Un nuevo llamado, I. I.1-6*	(VI.75-80)

-Cartas. A varios predicadores y   (XIV.88-92)
amigos. 10 de julio de 1771
-Cartas. A Mary Cooke. 30 de octubre   (XIV.226-227)
de 1785

Véanse también las siguientes lecturas del *Índice* al final de cada tomo. Busque bajo los siguientes tópicos que aparecen en orden alfabético:
-demonios
-su fe
-diablo
-su ortodoxia
-esperanza
-fe
-gozo
-gratitud
-justificación
-luz, uso figurado
-mérito
-pacto
-paz
-perdón
-seguridad

Preguntas para reflexión y discusión

1. Hay algunas iglesias que exigen que los miembros firmen una confesión de fe. Esto quiere decir que la persona acepta como verdades todas las ideas que aparecen en el documento. La fe sería aquí la aceptación racional de un grupo de doctrinas. ¿Cómo reaccionaría Wesley a esto? ¿Cómo reaccionaría usted?

2. ¿Había pensado usted alguna vez que la fe es primero que nada una evidencia interna de las cosas que no podemos ver? (He. 11.1) ¿Qué quiere decir esto? ¿Cómo cree usted que la explicación que Wesley da le ayuda a entender esta experiencia?

3. ¿Qué quiere decir la frase «fe viva»? ¿Ha sentido usted la experiencia de una fe viva? Comparta con las demás personas de su grupo cómo sucedió esto en su vida.

4. Explique en términos modernos y simples qué quiere decir la expresión bíblica «justificación». ¿Cómo explicaría usted a otra persona la doctrina de la *«justificación por la fe»*?

5. El tópico del cual hemos estado hablando es la «gracia justificadora». Esto quiere decir que nuestra justificación es un regalo de Dios. ¿Hay algunos requisitos humanos antes de recibir este regalo? ¿Cuál es el lugar de las buenas obras?

6. ¿Cree usted, como Wesley, que una persona puede saber si ha sido salvada? ¿Deberíamos predicar esto como parte del mensaje del evangelio? ¿Cómo sabe usted si es o no un cristiano verdadero?

Sesión 7: La gracia santificadora

Un resumen de las ideas de Wesley

El nuevo nacimiento

La justificación y el nuevo nacimiento o regeneración son regalos de Dios que se reciben juntos y al instante. Estos dos regalos le son dados a la persona simultáneamente pero, en el orden mental, la justificación precede al nuevo nacimiento. Este nacimiento está relacionado con la santificación. Wesley lo llamó la *«entrada»* o puerta a la santificación en el sentido de que, mientras que el nuevo nacimiento es dado en un momento, la santificación es una obra progresiva. El proceso de santificación empieza cuando una persona nace de nuevo e incluye el nacimiento interno y externo de la santidad personal. La persona entonces crece gradualmente hacia una madurez cristiana.

En algunos pasajes Wesley brevemente compara la naturaleza de la justificación con la de la santificación, con el objetivo de establecer una distinción entre los dos conceptos. En la Sesión 6 solamente presentamos un resumen de ideas sobre la justificación y en esta sesión completaremos la comparación. Mientras la justificación quiere decir que la justicia es *«imputada»* en el creyente, la santificación quiere decir que es *«inherente»* en él. La justificación no quiere decir *«literalmente»* justicia, mientras que la santificación sí. La justificación quiere decir que el pecado ha sido *«removido»* de la persona y la santificación, que el poder del pecado ha sido *«removido»*. La justificación es un cambio *«relativo»*, mientras que la santificación es un cambio *«verdadero»*. Justificación se refiere a la *«relación»* de la persona con Dios, mientras que la santificación quiere decir *«un cambio total en nuestras almas»*. Justificación restaura el creyente al *«favor»* de Dios; santificación restaura la *«imagen de Dios»* en el creyente. Justificación es lo que Dios ha hecho *«por»* el creyente a través de su Hijo, mientras que santificación es lo que Dios ha hecho *«en»* él a través del Espíritu Santo.

Wesley define la naturaleza del nuevo nacimiento en los siguientes términos:

> *«Es el gran cambio que Dios opera en el alma cuando la trae a la vida, cuando la levanta de la muerte del pecado a la vida de justicia. Es el cambio obrado en toda el alma por el todopoderoso Espíritu de Dios cuando ella es de nuevo creada en Cristo, cuando es <u>renovada conforme a la imagen de Dios, en la justicia y santidad de la verdad</u>, el amor al mundo es transformado en el amor a Dios, el orgullo en humildad, la pasión en mansedumbre, el odio, la envidia y la malicia en un amor sincero, tierno y desinteresado por todo el género humano. En una palabra, es ese cambio mediante el cual la mente <u>terrenal, animal, diabólica</u> se transforma en <u>el sentir que hubo en Cristo Jesús</u>. Ésta es la naturaleza del nuevo nacimiento. <u>Así es todo aquel que es nacido del Espíritu</u>»* (III.133-134).

Wesley utiliza el proceso del nacimiento humano como una analogía para explicar la naturaleza del nuevo nacimiento como un proceso que despierta los sentidos espirituales latentes. Antes de que nazca un niño, dice Wesley, es difícil utilizar el término vida para describir su estado. Tiene ojos pero no puede ver, tiene oídos pero no puede escuchar. Tan pronto nace, todos estos sentidos físicos se activan y empieza a respirar y vivir de una manera completamente diferente a la anterior. Wesley establece un paralelo excelente entre el nacimiento natural y el nuevo nacimiento. Mientras la persona está en un estado meramente natural, tiene sentidos espirituales, pero no están funcionando, esto es, no tienen conocimiento de Dios o de las obras de Dios. Tan pronto como ocurre el nuevo nacimiento, estos sentidos espirituales se activan. Los *«ojos del entendimiento se abren»* y pueden ver la faz de Dios en Cristo Jesús. Puede *«escuchar»* la voz de Dios; *«sentir en su corazón»* las poderosas obras del Espíritu Santo y los dones de la gracia que él provee. Se crea un intercambio entre Dios y el creyente, similar a la actividad respiratoria, donde Dios respira la gracia sobre el alma del creyente y éste la recibe en su corazón; el creyente responde por medio de sus oraciones y alabanzas que se elevan hasta el cielo. Wesley usa este mismo lenguaje para describir el significado de la fe. Como hemos visto, la experiencia de la fe es la apertura de los sentidos espirituales a la *«convicción de lo que no se ve»*.

La santificación

Nacer de nuevo es el principio de la experiencia de la *«plena salvación»*. Wesley describe la plena salvación utilizando varios términos sinónimos: *«santidad», «justicia», «religión»* y, especialmente, *«santificación»*. Todos ellos describen el próposito de Dios en el proceso de salvación, que es: renovar la imagen de Dios en el creyente que perdiera a causa de la caída de la raza humana por motivo de la desobediencia de Adán. La santificación es un proceso gradual y es una *«segunda bendición»* después de la justificación. El creyente sigue adelante de gracia a gracia, empezando como un bebé en Cristo, continuando como una persona joven, hasta llegar finalmente a la madurez cristiana.

Una de las razones por las cuales una persona necesita nacer de nuevo es para adquirir santidad. En la siguiente cita aparece una de las mejores definiciones de Wesley sobre la santidad:

> *«La santidad del evangelio es nada menos que la imagen de Dios estampada en el corazón. No es otra cosa que el pleno sentir que hubo en Cristo Jesús. Consiste en todos los afectos y tendencias celestiales combinados juntos en uno. Implica un amor tan continuo y agradecido hacia aquel que no nos escatimó a su Hijo, <u>su único Hijo</u>, que nos resulta natural y necesario amar a toda criatura humana, dado que nos llena con <u>entrañas de misericordia, de benignidad, de humildad, de mansedumbre, de paciencia</u>. Es un amor a Dios de tal calidad que nos enseña a ser intachables en toda clase de conversación, que nos capacita para presentar nuestras almas y cuerpos, todo lo que somos y todo lo que tenemos, todos nuestros pensamientos, palabras y acciones, como un sacrificio continuo <u>aceptable a Dios por medio de Jesucristo»</u>* (III.134).

Desde sus días de estudiante en la Universidad de Oxford, la idea de santidad se convirtió en el principal interés de Wesley. Fue progresando en este pensamiento acerca de su significado y de cómo una persona podría obtener esta santidad. Al principio pensó que era posible alcanzarla a través del esfuerzo humano y otra vez explica, en parte, los extremos de disciplina propia a los que llegó. Una de las cosas que aprendió en su experiencia de conversión fue que la santidad era un regalo de la gracia de Dios, bajo el poder del Espíritu Santo, y no el resultado de los esfuerzos humanos. Esto era parte de un proceso donde la *«fe de un siervo»* se convertía en la *«fe de un hijo»*. Wesley decía que Dios había levantado a los metodistas para promover la santidad: *«no para formar una nueva secta; sino para reformar a la nación, particularmente a la iglesia, y para divulgar la santidad de las escrituras sobre la tierra»* (*Works.* Jackson ed. VIII.299). Nadie podría ser feliz en esta vida sin la santidad, y era necesaria para la salvación final: *«Seguid la paz con todos, y la santidad, sin la cual nadie verá al Señor»* (He. 12.14).

Estableciendo la ley

Uno de los aspectos más importantes de la santidad o santificación es la obediencia a la voluntad de Dios, especialmente los mandamientos específicos de Dios revelados en la Biblia. Parte del ministerio de Jesucristo fue revelar la voluntad de Dios y presentar los mandamientos específicos que el creyente debería seguir. Esto es el significado de la afirmación de que él es un profeta y un rey como también un sacerdote, y que cumplió esos tres ministerios y no solamente uno. Él es el gran legislador y sus leyes son para obedecerlas. Si queremos entender el corazón de sus enseñanzas, el mejor ejemplo para lograrlo es por medio del *Sermón en la montaña: «No parece que en ningún otro tiempo u ocasión se haya propuesto el Señor mostrar todo el plan de su religión o darnos una descripción detallada del cristianismo, o describir pormenorizadamente la naturaleza de esa santidad, sin la cual nadie verá al Señor»* (II.6). Wesley escribió 13 sermones sobre el *Sermón en la montaña* y los colocó juntos en sus sermones normativos. Éstos son los *Sermones 21-33*. Luego escribió tres sermones sobre el significado de la ley. Éstos son los *Sermones 34-36*, que tratan sobre la naturaleza de la ley y la necesidad de la *«confirmación»* de éstas (Rom. 3.31). Todo este conjunto forman la mayor parte del tomo III de *Las Obras de Juan Wesley.*

Wesley siempre afirmó la importancia de una sólida obediencia a la voluntad de Dios. En su época existía, entre muchos de los grupos cristianos, cierta tendencia hacia lo que Wesley llamó *«antinomianismo»*, palabra que quiere decir literalmente estar «en contra de la ley» y que insinuaba también que el cristiano no tenía que ser tan rigurosamente obediente en su vida cristiana. En su forma más extrema, significaba que el cristiano podía utilizar su libertad cristiana como excusa para una conducta pecadora.

Wesley establecía una diferencia entre la *«ley ceremonial»* del Antiguo Testamento como también toda la dispensación mosaica y la *«ley moral»*. En Cristo, los creyentes no están bajo la obligación de obedecer la ley ceremonial ni la dispensación mosaica. En cuanto a la ley moral, la cual es justa, buena, santa y es un reflejo del carácter y pensamiento de Dios, ésta sí tiene su función en la vida del cristiano. Ahora, esto no quiere decir que el cristiano será justificado al cumplirla. Sin embargo, la nueva vida interior y exterior de la persona que ha sido justificada por la fe y nacida de nuevo debe ser obediente a la ley moral, cuya esencia es el amor. Según la imagen de Dios es restaurada en la persona, ésta debe empezar a reflejar el carácter de Dios y el sentir (mente) que hubo en Cristo Jesús. Esto quiere decir obediencia absoluta a la voluntad de Dios.

Predicar a Cristo a las personas quiere decir predicar todo lo que Él predicó, incluyendo todos sus mandamientos. La ley moral tiene la función de convencer a las personas de sus pecados y debe ser predicada antes de la predicación del evangelio. Hemos visto esto ya en la Sesión 5 cuando hablamos de la gracia convincente. La ley moral es también el *«ayo»* (maestro) que trae a las almas arrepentidas a Cristo. Después de este acercamiento a Cristo, la ley les sirve de guía en esa nueva vida. A pesar de que por las obras de la ley la persona no será justificada, cuando sea santificada se volverá hacia la ley en vez de alejarse de ella. La gratitud la llevará a cumplir con la voluntad de Dios.

El pecado en los creyentes

A través de su vida, Wesley siempre habló en abundancia de los problemas del pecado y su relación con los creyentes en Cristo. En uno de sus primeros sermones, titulado *Las primicias del Espíritu (Sermón 8),* reflexiona sobre la idea de que no hay condenación para los que están en Cristo Jesús (Ro. 8.1). Desde el primer momento en que los creyentes vienen a Cristo, el Espíritu Santo los llena de su paz, gozo y justicia. Una de las razones por las cuales tienen paz y gozo es que ya el creyente no siente condenación por los pecados pasados, ni tiene un sentido de culpa, ni miedo ante la ira de Dios. Están liberados del miedo evidente tan característico de la experiencia de arrepentimiento. Han recibido el Espíritu y pueden decir *«Abba, Padre».* Ya no son esclavos, sino hijos, y la paz de Dios gobierna sus corazones. No son condenados por los pecados presentes porque no han cometido ningún pecado externo y, mientras no se dejen arrastrar por los pecados internos, no serán culpados de ellos. Tampoco son condenados por nada que esté fuera de su control y poder, o por debilidades y flaquezas involuntarias.

A pesar de que no hay condenación para aquellas personas que están en Cristo, el pecado todavía es un problema serio para ellas. Es cierto que el pecado exterior ya no es un factor mayor. Esto tiene que ver con la conducta exterior y es definida por Wesley como *«el pecado exterior, de acuerdo con la acepción común y clara de la palabra: una "infracción de la ley" actual y voluntaria; una infracción de la ley de Dios revelada y escrita; de cualquier mandamiento de Dios, reconocido como tal al momento de cometer la infracción»*

(I.387). Wesley sigue aquí a 1 Juan 3.4-9. El creyente que se encuentra en la primera etapa de su conversión, cuando aún es un «bebé» en Cristo, puede recibir este poder de no *«cometer»* un pecado exterior, como Wesley lo define en la cita anterior. El primer fruto de la fe es el poder que da el Espíritu para doblegar toda clase de pecado externo, y éste es el gran privilegio de aquellos que han nacido de Dios *(Sermón 19)*.

El problema con los pecados internos es diferente, porque las raíces del pecado están todavía presentes en el corazón humano. En una definición corta, Wesley dice de la naturaleza del pecado interno lo siguiente: *«Aquí me refiero al pecado interno, o sea cualquier enojo, pasión o afecto, tales como el orgullo, la obstinación, el amor al mundo en cualquiera de sus formas, la concupiscencia, la ira, la irritabilidad o cualquier disposición cotraria a la mente de Cristo»* (I.247).

Al principio, las personas recién convertidas, en la euforia de su nueva experiencia, creen que el pecado ha desaparecido de sus vidas. Siendo que no sienten el pecado, creen que no tienen ninguno. Pero pronto descubren que esto no es cierto. El pecado ha sido suspendido, no destruido. La tentación regresa y el pecado revive. Empiezan a sentir dos principios luchando en su interior, *«la carne en contra del espíritu»*, la naturaleza oponiéndose a la gracia de Dios. Éste es el lenguaje de Gálatas 5.17 y de san Agustín. Es a este pecado interno al que Wesley se refirió cuando habló *Del pecado en los creyentes (Sermón 13)*. Él rechazaba la idea de que después de la justificación las personas cristianas quedaban completamente libres de pecado, porque tanto las Escrituras como la experiencia afirmaban lo contrario. En la continua batalla entre la carne y el Espíritu, el pecado ya no reina en la persona justificada, no tiene dominio sobre ella. El Espíritu Santo provee el poder tanto sobre el pecado interno como el pecado

externo; el interno permanece dentro de la persona, pero en-
cadenado. Este pecado interno continuará su lucha contra el
Espíritu, pero se irá debilitando según la persona vaya ganan-
do fuerzas y siga adelante de victoria en victoria.

Debido a la presencia del pecado en el creyente, éste
necesita continuar arrepintiéndose de sus pecados y creyendo
en el evangelio. Hay un *Arrepentimiento del creyente (Sermón
14)* al cual Wesley llamó *«un arrepentimiento consiguiente»*,
que no debe ser confundido con el *«arrepentimiento previo»*,
que es el que lleva a la justificación. El segundo arrepentimiento es diferente al primero, pues ya no incluye un sentido
de culpa ni de condenación, ni tampoco conciencia de la ira
de Dios. Este cambio interior es el resultado del continuo proceso del ministerio del Espíritu Santo, que todavía provee al
creyente una *«convicción de lo que no se ve»*. En este proceso
continuo de aprendizaje el creyente va descubriendo la realidad sobre sí mismo:

> *«La experiencia muestra que junto con esta convic-
> ción del pecado que permanece en nuestros corazo-
> nes y se adhiere a todas nuestras palabras y acciones,
> así como con la culpa en la cual incurrimos si no fué-
> semos continuamente rociados con la sangre expia-
> toria, algo más está incluido en este arrepentimiento,
> esto es, una convicción de nuestra vulnerabilidad, de
> nuestra total incapacidad para pensar sólo un buen
> pensamiento o de albergar sólo un buen deseo; y mu-
> cho más decir sólo una palabra correcta o de llevar
> a cabo una sóla buena acción, a no ser mediante esta
> gracia libre y todopoderosa, que primero nos previe-
> ne y luego nos acompaña en todo momento»* (III.101).

Así como la fe sigue al primer arrepentimiento, también ahora acompañará *«el arrepentimiento consiguiente»*.

Ahora, esta fe tiene un significado especial que corresponde a la experiencia de un cristiano que está evolucionando. Esencialmente la fe ahora es *«la convicción»* de las promesas de Dios, las noticias de la gran salvación que Dios tiene reservada para él. A través de esta fe recibe el poder de Dios que purifica su corazón. A través de esta fe toma conciencia de la continua intercesión de Cristo que va removiendo toda condenación y castigo. Recibe ahora no solamente misericordia, sino gracia para seguir en el camino de la salvación.

Varios de los sermones normativos de Wesley tienen que ver con algunos de los problemas especiales que el cristiano encuentra en ese camino, y sus propósitos son pastorales. Estos problemas son causados mayormente por el hecho de que el pecado interno todavía está presente en el creyente. En su *Sermón 41,* Wesley explora el problema de los *Pensamientos errantes* y trata de identificar las variedades de pensamientos errantes que podían estar presentes en el creyente, en qué circunstancias ocurrían y cuáles eran pecaminosos. El *Sermón 42* trata sobre el tema de *Las maquinaciones de Satanás* y de cómo el demonio hace todo lo posible por destruir la obra inicial de Dios en la persona, tentándola a pensar que debería estar mas avanzada en el proceso de salvación de lo que en ese momento está. Este sermón provee consejos de cómo resistir estas tentaciones. El *Sermón 46. La condición del desierto* es un buen ejemplo de literatura pastoral. Menciona cómo las personas caen de la gracia y cómo son restauradas. Esta *«segunda oscuridad»* es una enfermedad y Wesley examina sus causas y sus curas. El *Sermón 47* trata sobre los *Afligidos en diversas pruebas,* y se refiere a las diferentes pruebas que afligen a la persona, tales como enfermedades o pobreza, a sus consecuencias y a cómo Dios las utiliza para beneficio del creyente. En este sermón encontramos pasajes de gran sensibilidad, donde Wesley expresa lo que él ha descubierto en el cumplimiento de su trabajo pastoral. El *Sermón 48* discute el imperativo bíblico de que la persona cristiana debe *Negarse a sí mismo,* lo que esto significa y lo que podemos aprender. El *Sermón 49* se titula *No difamen a nadie.* Está basado en Mat. 18.15-17 y sugiere la manera como los cristianos pueden librarse del problema de la murmuración, o sea, de cómo curarse de la mala costumbre de hablar mal de otras personas.

La perfección cristiana

Si la condición de pecado fuese la única opción al alcance de los cristianos en esta vida terrenal, estarían condenados por siempre a una vida de inmadurez. Tendrían que conformarse con vivir atrapados en la lucha entre la carne y el espíritu hasta que la misma se resolviese al final de sus vidas en el cielo por disposición divina. Pero las promesas de Dios van más allá de tal situación. Sus promesas están disponibles para ayudarnos en el Antiguo y Nuevo Testamentos. Uno de los sermones más antiguos de Wesley, que aparece en *Las Obras de Juan Wesley* y predicado en 1733 con anterioridad a su experiencia de Aldersgate, es una meditación sobre una de esas promesas: el *Sermón 17. La circuncisión del corazón* (I.343-360). En este sermón Wesley desarrolla una reflexión sobre Romanos 2.29, donde trata como presente lo que estaba ya prometido en Deuteronomio 30.6: *«Y circuncidará Jehová tu Dios tu corazón, y el corazón de tu descendencia, para que ames a Jehová tu Dios con todo tu corazón y con toda tu alma, a fin de que vivas».* Algunas veces Dios exige la perfección de los cristianos, como aparece en Mateo 5.48: *«Sed, pues, perfectos, como vuestro Padre que está en los cielos es perfecto».* Todas las promesas de Dios son mandatos, y todos los mandatos promesas de lo que hará por los creyentes fieles. Dios se propone «*terminar su nueva creación*» llevando el proceso de la santificación a su culminación a través de la experiencia de la «*santificación total*», lo que significa otorgar el regalo de la «*perfección cristiana*».

Wesley pensaba que los metodistas habían sido escogidos por Dios para propagar la doctrina de la perfección cristiana. Esta doctrina estaba en la raíz del continuo interés de Wesley por la santidad y de sus esfuerzos perennes para comprender la naturaleza de la perfección bíblica, cómo se otorga este regalo y en qué momento es otorgado. Este aspecto de su doctrina mereció innumerables críticas por parte de aquellos que evaluaron sus enseñanzas. Contestó a esas críticas diciendo que ésas eran las enseñanzas bíblicas y que los cristianos tenían que tratar con ellas quisieran o no. ¿Quién es capaz de decir a Dios que él no cumple las promesas que hace a sus criaturas?

Uno de los grandes problemas para entender la doctrina es poder determinar lo que la Biblia en realidad dice sobre ella. Muchísima gente tiene una idea no bíblica, secular, sobre el significado de la perfección. Piensan muchos que la perfección quiere decir ser infalibles como los ángeles o estar fuera del alcance de la tentación, o que no pueden ya perder el estado de gracia. Algunas personas piensan que se refiere a la perfección absoluta, un estado estático que no admite crecimiento continuo.

Wesley realizó innumerables intentos para clasificar el significado de la doctrina bíblica y contrarrestar esas ideas equivocadas. En su *Sermón 40. La perfección cristiana* (III.21-51), escrito en 1741, dice que perfección no quiere decir conocimiento perfecto ni ausencia de errores ni estar exento de achaques físicos ni libre de tentaciones. Explicó que la perfección es otro término para santidad, y esto implica, por lo menos, que aun los bebés en la fe están en conocimiento de Cristo y tratarán voluntariamente de no cometer ningún acto transgresor con respecto a ninguna ley de Dios conocida por ellos. Para el cristiano *«firme»,* santidad también significa estar libres de pensamientos y comportamientos pecaminosos. *Un estudio acerca de la perfección cristiana según la opinión y enseñanzas del Reverendo Juan Wesley, desde el año 1725 hasta 1777* (VIII.21-168) recoge sus ideas sobre este tema, escritas en la madurez de su vida.

El corazón de la perfección bíblica, nos dice Wesley, es *«perfección en amor»,* que es una experiencia mediante la cual el amor de Dios arropa el corazón del cristiano de tal forma que no deja lugar libre para otras cosas. Es una experiencia de madurez que propicia el aumento de la gracia a pesar de las debilidades que permanecen en el creyente. La Biblia nos habla de esto en muchos lugares, por ejemplo en 1 Corintios 13, exhortándonos a amar a Dios con todo nuestro corazón, mente, alma y fortaleza, y amar a nuestros semejantes como Cristo los ama. También nos exhorta a cultivar nuestra mente a semejanza de la de Cristo y a cuidar de la pureza del corazón, a mantenernos libres de pasiones como el orgullo y la ira. Uno de los pasajes favoritos de Wesley y que describe lo anterior se encuentra en 1 Tesalonicenses 5.16-18: *«Estad siempre gozozos. Orad sin cesar. Dad gracias en todo, porque ésta es la voluntad de Dios para con vosotros en Cristo Jesús».*

Dice Wesley que los pastores no deberían predicar una doctrina que no pueda ser confirmada por testimonios de testigos vivientes. Él creía que la experiencia puede confirmar una enseñanza bíblica. Si uno predica la idea de la perfección absoluta, según mucha gente la entiende, no hay forma de confirmarla mediante testigos vivos porque la perfección absoluta no es posible conseguirla en la vida terrenal. Sin embargo, si se predica la perfección en el amor, es posible encontrar muchas personas que la han alcanzado, aunque Wesley nunca declaró que él la había alcanzado. Uno de sus principales ejemplos es el de Jane Cooper (VIII.107-115).

Las condiciones para recibir el regalo de la perfección cristiana son similares a las condiciones para recibir el regalo de la justificación. Es regalo de Dios y labor del Espíritu Santo, y la fe es la condición necesaria para recibirlo. Y aquí fe significa la *«convicción»* de que Dios nos la ha prometido en sus Escrituras y nos la dará ahora, mientras oramos y esperamos. Finalmente, la perfección es *«el gran cambio»* destinado a todos los cristianos. Wesley con frecuencia exortaba a sus oyentes a buscarla y esperarla.

En 1764 escribió un resumen de sus ideas sobre la perfección cristiana en una serie de observaciones cortas que nos ayudan a entender su pensamiento de mayor madurez:

«(1.) En verdad existe la perfección; las Escrituras hacen referencia a ella una y otra vez.

«(2.) Es posterior a la justificación; las personas justificadas deben ir <u>adelante a la perfección</u>.

«(3.) No es necesario esperar el momento de la muerte, puesto que san Pablo habla de personas que fueron perfectas en vida.

«(4.) No es absoluta. La perfección absoluta no pertenece al ser humano ni a los ángeles, sino sólo a Dios.

«(5.) No convierte a la persona en un ser infalible. Nadie es infalible mientras permanezca unido a este cuerpo terrenal.

«(6.) ¿Se trata de perfección sin pecado? No vale la pena discutir por los términos. Significa "ser salvos del pecado".

«(7.) Es el perfecto amor. Éste es su rasgo esencial. Sus características, o frutos inseparables, son "estar siempre gozosos, orar sin cesar y dar gracias en todo".

«(8.) Es perfectible. No permanece fija en un punto, sino que es posible aumentarla, tan así es que una persona perfeccionada en el amor puede crecer en la gracia mucho más rápidamente que antes.

«(9.) No está asegurada para siempre. Es posible perderla, como ha quedado demostrado a través de numerosos ejemplos. Pero no tuvimos la plena certeza de esto hasta hace unos cinco o seis años.

«(10.) Siempre encontramos una obra gradual, progresiva, antes y después de la perfección.

«(11.) ¿Es o no es instantánea? Vayamos paso a paso en el análisis de este punto. En algunos creyentes se ha operado un cambio instantáneo. Esto es algo que nadie puede negar.

A partir de ese cambio gozan de perfecto amor, no albergan ningún otro sentimiento fuera de éste y están siempre gozosos, oran sin cesar y dan gracias en todo. Pues a esto me refiero cuando hablo de perfección. Por lo tanto, ellos son testigos de la perfección que predico» (VIII.161-162).

Cuando una persona se llena del amor de Dios en esta manera, y llega también a amar al prójimo según la voluntad de Dios, es cuando él o ella se encuentra participando de la forma más elevada de la salvación presente que nos es posible alcanzar en esta vida. Quiere decir que el Espíritu Santo ha trabajado para restaurar en la persona la imagen moral de Dios. Todas sus facultades han quedado redimidas de la muerte espiritual, incluyendo su razón, su voluntad y sus sentimientos. A este lado del cielo ninguna otra cosa es más deseable que tal estado de armonía.

Documentos para lectura y reflexión

Primeras lecturas

-*Sermón 19. El gran privilegio de los que*   (I.381-388)
 son nacidos de Dios. Int.1-4 I.1-10.
 II.1-4

-*Sermón 40. La perfección cristiana*   (III.51)

-*Sermón 43. El camino de la salvación*
 según las escrituras
 I.4-9   (III.91-94)
 III.13-18   (III.102-106)

-*Sermón 45. El nuevo nacimiento*   (III.125-142)

Lecturas adicionales

-*Sermón 13. El pecado en los creyentes*   (I.245-264)

-*Sermón 14. El arrepentimiento del*   (I.265-288)
 creyente

-*Sermón 34. Origen, naturaleza, atributos y*   (II.305-326)
 finalidad de la ley

-*Sermón 46. La condición del desierto*   (III.143-165)

-Un llamado ferviente. 55-56   (VI.41-42)

-*Un estudio acerca de la perfección*   (VIII.21-168)
 cristiana según las enseñanzas de Juan
 Wesley

-*Himnos. #1. Sólo excelso amor divino*   (IX.243-244)
 #15. Mil voces para celebrar   (IX.258-259)
 #51. Jesús, tu excelso y santo amor   (IX.293-294)

-*Notas. 1 Tesalonicenses. 5.16-18*   (X.289-290)

-*Diario. 15 de septiembre-29 de octubre* (XII.146-149)
de 1765

-*Cartas. Al Revdo. Carlos Wesley.* (XIV.51-52)
14 de junio de 1767

Véanse también las siguientes lecturas del *Índice* al final de cada tomo. Busque bajo los siguientes tópicos que aparecen en orden alfabético:

-*amor*	-*mandamientos*
-*amor hacia Dios*	-*negación de sí mismo*
-*bondad*	-*nuevo nacimiento*
-*conversación*	-*obras buenas*
-*cristianismo*	-*paz*
-*cristiano*	-*pensamientos "errantes"*
-*debilidades*	-*perfección*
-*esperanza*	-*perfección cristiana*
-*felicidad*	-*regeneración*
-*gozo*	-*salvación*
-*habla humana, pecaminosa*	-*santidad*
-*humildad*	-*santificación*
-*intención, pureza de*	-*santos*
-*Jane Cooper*	-*sapo, anécdota del*
-*ley*	-*sufrimiento*
-*ley moral*	-*tentaciones*
-*ley mosaica*	

Preguntas para reflexión y discusión

1. ¿Qué quiere decir «nacer de nuevo»? ¿Cómo compara la explicación de Wesley con su propia experiencia? Comparta su experiencia con las otras personas en su grupo.

2. Wesley dijo que, según su experiencia, la gracia justificadora y la santificadora se dan gratuitamente e instantáneamente al momento de la conversión. ¿Corresponde esto con su experiencia? ¿Qué regalos divinos ha recibido usted en forma instantánea y qué regalos ha recibido en forma gradual?

3. ¿Cuáles son los principales elementos de «santidad» o santificación que Wesley describe? ¿Cree usted que en nuestros días debemos nosotros predicar que deberemos ser santos según lo descrito por Wesley?

4. ¿Cree que es cierto, como dijo Wesley, que aun a los cristianos inmaduros se les concede el poder para no cometer pecados exteriores, o sea, que no desobedecen voluntariamente ninguno de los mandamientos de Dios?

5. Wesley observó que el pecado interno seguía siendo un problema para los creyentes. ¿Qué pecado interno (orgullo, ira, por ejemplo) son todavía un problema para usted? Haga una lista. ¿En qué forma le ayuda el Espíritu Santo a dominarlos?

6. Wesley pensaba que los cristianos podrían llegar a ser perfectos en el amor en esta vida y deberían buscar este regalo. ¿Qué cree usted? Esté seguro de que entiende usted la diferencia entre la definición de Wesley y la definición secular del término perfección.

Sesión 8: La santidad social

Un resumen de las ideas de Wesley

Hasta ahora hemos hablado sobre el énfasis que pone Wesley en la salvación presente y sobre los regalos de justificación y santificación, a través de Jesucristo y del Espíritu Santo, que recibirá todo creyente. En esta sección nos corresponde tratar de las dimensiones sociales de la salvación. Toda santidad es santidad social, pues nadie puede llegar a ser cristiano en soledad. Convertir al cristianismo en una religión solitaria es destruirla. La gente necesita apoyo en su caminar hacia la fe y Dios llama a la comunidad de creyentes a una vida de servicio mutuo y a una vida de servicio al mundo.

«El evangelio de Cristo no conoce otra clase de religión sino una religión social; no otra santidad sino social. "La fe que trabaja por el amor" es la anchura, la longitud, la profundidad y la altura de la perfección cristiana. Este mandamiento recibimos de Cristo, que quien ama a Dios, ame también a su hermano; y nosotros manifestamos nuestro amor "haciendo bien a todos los hombres, especialmente a los de la familia de la fe". En verdad, quienquiera que ama a su hermano, no únicamente de palabra sino como Cristo le amó, no puede sino ser "celoso en buenas obras". Siente en su alma un ardiente y turbador deseo de darse y ser dado por ellos. "Mi Padre", dirá, "hasta ahora obra, y yo obro". Y en todas las oportunidades posibles "va haciendo bienes", como su Maestro» (IX.239-240).

Este pasaje, tomado del *Prefacio* a su colección de *Himnos*, contiene muchas de las ideas de Wesley sobre las bases para una santidad social. En primer lugar, el pasaje contiene una referencia al carácter dual de esta santidad social, que distingue entre *«la familia de la fe»* y *«todos los hombres»*. La familia de la fe se refiere a la iglesia y todos los hombres se refiere a la sociedad en general. Ambas frases están citadas de Gálatas 6.10 y en el pasaje bíblico encontramos la segunda razón que justifica el énfasis que pone Wesley sobre la dimensión social de la salvación: es un mandato de Dios claramente registrado en las Escrituras. Un mandato que el cristiano deberá obedecer porque ésa es la voluntad de Dios. La tercera razón es la necesidad de realizar buenas obras porque la fe sin obras está muerta. La fe misma produce obras de amor. Como hemos mencionado con anterioridad, en la teología wesleyana encontramos dos tipos de obras, *«obras de piedad»* y *«obras de misericordia»*. Las *«obras de piedad»* se refieren al uso frecuente en la iglesia de los medios de gracia. Las *«obras de misericordia»* se refieren a los actos concretos de amor dentro de la iglesia y a los actos de amor hacia toda persona necesitada, sean o no sean parte de la iglesia. La cuarta razón es que la santidad social significa imitación de Cristo y de Dios. Dios continúa trabajando por la santidad y los cristianos deberán hacer lo mismo. El amor y la compasión de Dios están dirigidos a todas sus criaturas, crean o no crean en él, y los cristianos están llamados a pensar de la misma manera que Cristo y amar en la misma forma en que él amó. La quinta y última razón es la que dice que el amor de Dios controla la motivación interior del cristiano para amar a otros. Este amor *«ha sido derramado en nuestros corazones por el Espíritu Santo que nos fue dado»* (Ro. 5.5). Es el meollo, la esencia de la perfección cristiana y del impulso interior que controla la vida cristiana. Es la marca de la imagen de Dios que ha sido restaurada. Este *«ardiente y turbador deseo de darse y ser dado por ellos»* es el mayor fruto de la fe, *«la fe que trabaja por el amor»*.

La iglesia

La primera referencia a santidad social quiere decir que los cristianos están llamados a formar juntos lo que llamamos el Cuerpo de Cristo, o sea, la iglesia. Cuando examinamos las ideas de Wesley sobre la iglesia tenemos que distinguir entre su doctrina

formal, que refleja las doctrinas de la Iglesia de Inglaterra, y lo que él aprendió como consecuencia de su experiencia metodista. Los primeros metodistas se formaron como *«sociedades»* dentro de la Iglesia de Inglaterra y creían haber sido llamados por Dios para reformar a la iglesia tanto como a la nación. Wesley se resistió siempre a la idea de que los metodistas deberían separarse de la iglesia madre y escribió con frecuencia en defensa de la unión, de permanecer dentro de ella. La única separación que aceptó fue la de la iglesia metodista en América del Norte, cuya situación cambió por motivos de la revolución americana. Entonces Wesley vio la necesidad de permitir a los norteamericanos formar su propia Iglesia Metodista Episcopal.

La doctrina formal de la Iglesia de Inglaterra

La doctrina formal wesleyana no se diferencia de la doctrina de la Iglesia de Inglaterra. Está basada en el *Artículo XIX de los Treinta y Nueve Artículos de la Iglesia Anglicana:*

> *«La Iglesia visible de Cristo es una congregación de fieles en la cual se predica la palabra pura de Dios y se administran debidamente los sacramentos, de acuerdo con la ordenanza de Cristo, en todas aquellas cosas necesarias a la misma»* (VI.55, nota).

Wesley también acepta la frase *«santa iglesia católica»*, tomada del Credo de Nicea, y explica que la santidad de la iglesia consiste en la verdadera santidad de sus feligreses, aunque esta santidad no se refleje en todos de igual manera. Su santidad proviene del Dios Santo que les llamó a su servicio. También Wesley acepta la distinción entre iglesia visible e iglesia invisible. La iglesia verdadera o invisible está formada por aquellos que verdaderamente son santos, y la iglesia se hace visible cuando todos ellos se reúnen como un cuerpo vivo de fe. En la mayoría de los servicios formales de la iglesia encontramos una mezcla de cristianos verdaderos y cristianos que se llaman a sí mismos cristianos pero que no lo son en realidad. La iglesia visible es siempre una mezcla de ambos; los creyentes verdaderos y los que cumplen con la forma pero carecen del poder de la santidad. Wesley tenía la esperanza de que, por lo menos en las sociedades metodistas, la iglesia visible y la invisible llegarían a coincidir.

El *Artículo XIX* arriba citado enfatiza que hay tres cosas que son esenciales para la iglesia. La primera señal es poseer una fe viva, sin la cual no puede existir una iglesia, ya sea visible o invisible. Por fe entendemos aquí el significado que daba Wesley a este concepto y del que hemos estado hablando en todas estas páginas que llevamos escritas en nuestro trabajo. La iglesia es una *«congregación de los fieles»* o creyentes. Una congregación puede estar formada por dos o tres personas reunidas en una choza, por cientos de personas en una ciudad o provincia o por millones de personas, como en la Iglesia Anglicana, reunidas en sus iglesias a través de toda una nación.

La segunda señal esencial es que *«se predica la palabra pura de Dios»* y que la misma es escuchada y entendida. Para Wesley esto era especialmente importante porque creía que la predicación era el punto central de la experiencia metodista. Wesley era un evangelista que animaba a las personas laicas a predicar durante las reuniones de sus sociedades particulares. Cuando le criticaron por utilizar predicadores laicos, hizo públicamente una distinción entre las funciones proféticas y sacerdotales de la iglesia *(Sermón 121)*, afirmando que sus predicadores nunca tendrían a su cargo la administración de los sacramentos. Enfatizó también, como defensa de la predicación por laicos, que la prueba de saber si una persona había sido llamada por Dios a predicar podía verse en el resultado de su predicación. Dijo, como ejemplo, que muchos pastores educados y ordenados nunca habían salvado un alma y que muchos predicadores laicos habían salvado almas y había testigos vivos que podían testificar sobre la experiencia. Esto constituye otro ejemplo de cómo el poder de Dios se movía en forma extraordinaria dentro de la iglesia y en la nación durante la época de Wesley.

La tercera señal esencial para la iglesia es administrar *«debidamente los sacramentos, de acuerdo con la ordenanza de Cristo»*. Cada vez que Wesley menciona los sacramentos, casi nunca hace una presentación sistemática de lo que son y lo que significan, excepto en aquellos ensayos donde defiende algún punto de la posición cristiana protestante tradicional; por ejemplo, en sus escritos contra la Iglesia Católica Romana. Usualmente, Wesley menciona los sacramentos de pasada cuando su tema está relacionado con algún aspecto alusivo a necesidades pastorales de la iglesia. Los sacramentos pertenecen primordialmente al área de su interés que llama *«los medios de gracia» (Sermón 16)*:

> *«Por "medios de gracia" entiendo las señales exteriores, las palabras o acciones ordenadas e instituidas por Dios con el fin de ser los canales <u>ordinarios</u> por medio de los cuales pueda comunicar a la criatura humana su gracia anticipante, justificadora y santificadora.*

Uso esta expresión, «medios de gracia», porque no conozco ninguno mejor y porque ha sido usada generalmente en la iglesia cristiana por muchos siglos. En particular, por nuestra propia iglesia, que nos dirige a bendecir a Dios "por los medios de gracia y la esperanza de gloria", y nos enseña que un sacramento es "un signo exterior de una gracia interior, y un medio que nos la confiere".

Los medios principales son: la oración, ya sea en privado o en la gran congregación; el estudio de las Escrituras (que singnifica leer, escuchar y meditar sobre ellas) y la cena del Señor: participar del pan y del vino en su memoria. Creemos que estos medios fueron instituidos por Dios como los canales ordinarios para comunicar su gracia a las almas del género humano» (I.319).

La Santa Cena es uno de dos sacramentos que Jesús legó a su iglesia y que también les mandó a practicar hasta que él retornase otra vez. El otro sacramento es el bautismo. En cuanto a la Santa Cena, Wesley afirmó, contrario a lo que predicaban los católicos romanos y los luteranos, que Cristo no está corporalmente presente en el pan y el vino. Este ritual debe entenderse como una conmemoración de la muerte de Cristo, aunque también participación en la cena imparte gracia verdadera al creyente cuando él o ella la aceptan con genuina fe. Wesley exhorta a aquellos que aun no poseen una fe viva, pero que la buscan sinceramente, a participar de la Santa Cena. Sobre este particular hemos hablado ya en la Sesión 5, cuando discutimos el tema de la *«gracia convincente»*.

En lo que al bautismo se refiere, Wesley sigue la tradición de la Iglesia de Inglaterra. Lo considera como un sacramento de regeneración, donde la persona bautizada nace como nueva criatura y se incorpora a la iglesia cristiana. Los niños como herederos de la gracia de Cristo deben ser bautizados también. En realidad, solamente en los niños coinciden el signo exterior de haber sido bautizados en agua y la realidad interior de haber sido liberados de la culpa del pecado original. Esta coincidencia no siempre ocurre en los adultos que reciben el bautismo, por lo que Wesley dice claramente que los adultos no deberían usar el bautismo como excusa para decir que han nacido de nuevo cuando sus vidas diarias muestran que esto no ha sucedido.

La doctrina implícita en la experiencia metodista

Aparte de la doctrina formal de la iglesia, Wesley enfatizó ciertos elementos de la vida de la iglesia que fue descubriendo a través del proceso del avivamiento metodista. Y estos elementos pasaron a ser parte de su doctrina implícita. Hay tres elementos meritorios dignos de mencionarse, nos dice Wesley: la iglesia es una comunidad de apoyo y compañerismo; la iglesia es el sacerdocio universal de los creyentes, y la necesidad es la voz de Dios, que quiere decir que ciertas formas organizativas de la iglesia pueden ser modificadas según las circunstancias lo requieran.

En primer lugar, la iglesia es una comunidad de apoyo y compañerismo. Temprano en el proceso del avivamiento, Wesley observó que los frutos evangélicos de su predicación desaparecían si no había continuidad de apoyo posterior al avivamiento. O sea, si los que habían respondido al llamado no se reunían en grupos donde pudieran aprender sobre el significado de la fe cristiana y donde pudiesen ayudarse unos a otros en el camino bíblico de salvación. Wesley personalmente atendía personas que venían a pedirle consejo espiritual y organizaba grupos bajo su dirección para instruirles y guiarles. Estos grupos fueron el comienzo de lo que más tarde se convirtió en las sociedades metodistas. Algunas personas pertenecientes al liderato anglicano criticaron a Wesley por ello, acusándolo de estar creando un *«cisma»*, división en la iglesia, y que estaba *«destruyendo la fraternidad cristiana»*. A estas críticas contestó lo siguiente:

> *«Yo le contestaría que lo que nunca existió no puede ser destruido. Y la fraternidad a la cual usted se refiere nunca existió, y por lo tanto no puede ser destruida. ¿Cuáles de esos cristianos verdaderos mantenían algún compañerismo con éstos? ¿Quién los vigilaba con amor? ¿Quién observaba su crecimiento en gracia? ¿Quién les aconsejaba y exhortaba de tiempo en tiempo? ¿Quién oraba con ellos y por ellos según sus necesidades? Esto, y sólo esto, es la fraternidad cristiana... nosotros introdujimos la fraternidad cristiana donde estaba totalmente destruida. Y sus frutos han sido la paz, el gozo, el amor y el celo puesto en toda buena palabra y obra»* (V.222-223).

Estas agrupaciones aseguraban el compañerismo y apoyo que Wesley describía. Así surgió *«la Sociedad Unida»*, que se reunía una vez a la semana para instrucción y adoración. Luego, la sociedad se dividió en grupos pequeños o *«clases»*, bajo la dirección de un *«líder»*. Se organizaban en los vecindarios y sus miembros incluían tanto hombres como mujeres. Cada miembro de una sociedad tenía que pertenecer a una clase y la clase estaba limitada a once personas y un líder. La clase era el grupo de apoyo primordial, el que aseguraba que cada miembro continuase creciendo en la gracia como verdadero discípulo de Cristo. La *«Sociedad de Bandas»* era un grupo más pequeño, formada por personas del mismo sexo y estado marital y un líder. Las bandas eran grupos más íntimos cuyo propósito era proveer una especie de tiempo para la discusión íntima, donde los participantes podían hablar libremente sobre ideas, pensamientos y comportamientos propios y ajenos. Eran, podríamos decir en lenguaje moderno, sesiones de crítica y autocrítica constructiva que ayudaban a mantener la salud espiritual de cada uno de los presentes. Se confesaban sus pecados mutuamente siguiendo las direcciones bíblicas expresadas en Santiago 5.16. Había un *«grupo selecto»* que congregaba a personas más avanzadas en la fe, y Wesley mismo pertenecía a este grupo. El grupo de *«penitentes»* estaba destinado a proveer ayuda especial a personas que tuviesen problemas especiales. El propósito de estos grupos no era solamente ayudar a la gente con sus problemas de fe o pecado, sino que también tenía el propósito de aliviar los sufrimientos, *«soportándoos los unos a los otros en amor»* (Ef. 4.2), *«sobrellevando "los unos las cargas de los otros"»* (Gá. 6.2).

El segundo énfasis que surge de la experiencia metodista es que la iglesia es el sacerdocio universal de todos los creyentes. Éste fue uno de los énfasis de la Reforma Protestante del siglo XVI, que luego fue mayormente olvidado por las principales iglesias protestantes. Siendo que la mayoría de los pastores ordenados no querían predicar con los metodistas, la carga de la obra recayó sobre los hombros de los laicos. Al expandirse el metodismo hacia América del Norte, Gales, Escocia, Irlanda al igual que en Inglaterra, fueron los laicos los que lo llevaron adelante. Junto con los líderes de las clases y las bandas, Wesley dependía de los predicadores laicos para supervisar el número creciente de sociedades. Había también personas que actuaban como mayordomos y cuidaban de los edificios y administraban los asuntos financieros. Otras personas se encargaban de visitar a los enfermos y otras enseñaban en las escuelas. Como la mayoría de las sociedades metodistas estaban en los vecindarios más pobres, estos líderes laicos eran personas sin ninguna posición social dentro de la sociedad nacional. Obtuvieron importancia personal, crecimiento y educación como resultado de su conversión al evangelio de Cristo.

La tercera doctrina implícita, la necesidad es la voz de Dios, que surgió de la experiencia metodista, está relacionada con el conocimiento de la divina providencia según la entendía Wesley. Significa que las formas organizativas de la iglesia pueden ser modificadas según lo requieran las circunstancias. Aunque él decía que la organización de la Iglesia de Inglaterra era bíblica, también creía que podía modificar la manera en que la misión se llevaba a cabo para hacerla más efectiva. Esta actitud de Wesley reflejaba su temperamento pragmático y su convicción de que la experiencia era una fuente de doctrina:

> *«Sostengo la doctrina de la Iglesia de Inglaterra en su totalidad. Amo su liturgia. Apruebo su esquema disciplinario y mi único anhelo es que se lo pueda poner en práctica. No me aparto de las normas intencionalmente, excepto en unas pocas instancias en que considero, y sólo cuando así lo considero, que es absolutamente necesario. Por ejemplo:*
>
> *Dado que muy pocos clérigos me permiten predicar en sus iglesias, me veo obligado a predicar fuera de las iglesias.*
>
> *Dado que no conozco oraciones que se ajusten a todas las situaciones, a menudo siento la necesidad de orar extempore.*
>
> *Con el fin de fortalecer al rebaño de Cristo en fe y en amor, me veo en la necesidad de reunirlos*

y distribuirlos en pequeños grupos para que se estimulen unos a otros en el amor y en las buenas obras. Para que mis compañeros de tarea y yo podamos ayudarnos de manera más efectiva a salvar a nuestras propias almas y las de aquellos que nos escuchan, estimo necesario reunirme con los predicadores, o al menos con la mayor parte de ellos, una vez al año.

En esas Conferencias anuales se asignan los lugares de trabajo de los predicadores para el año siguiente» (IV.287-288).

Wesley expresó que él estaría cometiendo pecado si se separaba de la Iglesia de Inglaterra, pero que también cometería pecado si no modificaba las prácticas de la iglesia cuando esto fuese necesario para promover el avivamiento. En ocasiones se refirió a la forma en que él organizaba las sociedades como *«ayudas prudenciales»,* porque estaban dictadas por el sentido común como formas de servir a su pueblo. En retrospectiva, dijo a menudo que estas formas reflejaban la manera en que la iglesia primitiva llevaba a cabo su ministerio.

Según progresaban las cosas, especialmente en América del Norte, Wesley sintió la necesidad de ir más allá de los puntos arriba mencionados. Como allá los metodistas se quejaban de que no podían recibir los sacramentos por falta de pastores ordenados, Wesley trató de convencer al Obispo de Londres de que enviara a un sacerdote anglicano a América del Norte, pero el Obispo se negó. Obedeciendo la idea de que la necesidad es la voz de Dios, Wesley decidió resolver por sí mismo el problema. Estaba convencido de que los términos bíblicos del Nuevo Testamento *«presbítero»* y *«obispo»* eran intercambiables. Siendo él un presbítero, podía asumir las funciones de obispo en casos de necesidad. Por lo tanto, en septiembre de 1784 ordenó como pastores a Richard

Whatcoat y Thomas Vassey como presbíteros y encomendó la supervisión del trabajo en América del Norte al Dr. Thomas Coke. Por una *«serie de providencias extraordinarias»*, las colonias norteamericanas habían alcanzado su independencia política y eclesiástica. Por lo tanto, Wesley dio su aprobación a la Iglesia Metodista Episcopal independiente. También ordenó otros laicos para que sirvieran en sitios como Escocia, donde existía una gran necesidad, pero nunca ordenó personas al ministerio en Inglaterra. Aunque Wesley no quiso nunca separarse de la Iglesia de Inglaterra, la tendencia histórica era irreversible y, después de su muerte, el movimiento metodista en Inglaterra formó su propia iglesia independiente.

Las obras de misericordia

Para Wesley, la santidad social contenía una dimensión de servicio público, una obligación de atender a las necesidades de la *«familia de la fe»* y de *«todos los hombres»* (Gá. 6.10). Wesley compartía la visión bíblica de una creación total creada en estado de pureza por Dios pero envilecida por el pecado. Wesley sentía en su corazón la misma compasión de Dios por los seres humanos y por los animales, y entendía que parte de la misión cristiana era la obligación de aliviar sus necesidades. Esta misión social, pensaba Wesley, era una señal de la salvación divina que algún día incluiría la redención de la creación, donde no existiría ya el sufrimiento ni la injusticia. Como manifestación de la gracia de Dios que rige la creación, Dios creó las leyes naturales que establecen las condiciones bajo las cuales la vida es posible. Como resultado, cada ser humano posee ciertos derechos que a los cristianos les corresponde ayudar a garantizar, trabajando para que la justicia social impere a nivel nacional y universal y se respeten los derechos básicos inherentes a todos. El amor cristiano no cancela, sino que completa la ley moral de Dios en todos sus aspectos. En términos concretos, esto significa que los cristianos deberán hacer las obras de misericordia motivados por el amor y ordenadas por Dios en la Biblia. Estamos aquí incursionando en el área de la ética personal y social de Wesley, que es una ética de amor.

La única condición previa para ser miembro de la sociedad metodista era el *«el deseo de huir de la ira venidera y de ser salvos de sus pecados»*. Pero una vez una persona se hacía miembro de la sociedad, tenía que continuar dando evidencia de su deseo de salvación en tres áreas: no hacer daño a nadie; hacer el bien a todos y cumplir con las ordenanzas de Dios, o sea, practicar las obras de piedad. Vale la pena citar aquí la sección de las Reglas Generales que menciona la segunda evidencia, porque muestra cómo cada persona metodista deberá interesarse tanto en las necesidades físicas como las espirituales de todas las personas:

> *«En segundo término, practicando el bien, siendo misericordiosos en la medida de su capacidad y haciendo el bien a todos de la manera más amplia según tengan oportunidad: respecto a sus cuerpos, según la habilidad que Dios le dé, alimentando a los hambrientos, vistiendo a los desnudos, visitando y ayudando a los enfermos y a los presos; y tocante a sus almas, instruyéndoles, reprendiéndoles y exhortándoles a cumplir con sus responsabilidades y pisoteando esa doctrina entusiasta de los demonios que pregonan que no tenemos que hacer el bien a menos que nuestro corazón se sienta libre para hacerlo»* (V.54).

Es fácil escuchar un eco de Gálatas 6.10 y de la parábola del juicio de las naciones en Mateo 25.31-46 en la cita previa. Todo el pueblo metodista deberá por lo tanto practicar las «*obras de misericordia*» y ser buenos con todas las personas. Wesley mismo comenzó a realizar obras de misericordia durante sus años en la Universidad de Oxford cuando él y otros miembros del Club Santo comenzaron a visitar las prisiones, a llevar cestas de comida a los pobres y contratar a un maestro que enseñara a los niños pobres de la comunidad.

Los ministerios directos

Al principio del metodismo había dos tipos de ministerio social, ministerios directos y ministerios proféticos. Los ministerios directos estaban dirigidos a los necesitados y el ministerio profético tenía que ver con el ministerio particular de Wesley y su diálogo público a través de la prensa sobre asuntos sociales, políticos y económicos.

Muchos de los ministerios directos surgieron de las necesidades de los primeros metodistas y de aquéllos con los que convivían. Wesley, temprano en su ministerio, tomó la decisión respecto a la manera de encaminar el avivamiento. Decidió dirigir su esfuerzo hacia los «*mayores pecadores entre los pecadores*», que significaba los más pobres de entre los pobres. Esto tuvo ramificaciones sociales y significaba que la gente que respondía a la predicación eran gente pobrísima que necesitaba ayuda para resolver sus necesidades más básicas. Muchos de estos ministerios directos estaban designados para ayudar a estas personas, pero no se limitaban sólo a ellos.

Un documento que describe en detalle los ministerios directos se tituló *Un informe claro sobre el pueblo llamado metodista, párrafos XI-XV* (V.242-250). Nos dice este documento que los ministerios podían dividirse en tres aspectos: social, médico y educacional. Los sociales atendían a las necesidades de los envejecientes, huérfanos y aquellos que, siendo pobres, deseaban comenzar un negocio como forma de ganarse la vida. Wesley compró dos casas en Londres para alojar a un grupo de viudas y luego se incluyeron algunos niños, servicio doméstico y hasta varios pastores de edad avanzada. Esta *«casa de pobres»* se sostenía mediante ofrendas provenientes de las bandas y las de las ofrendas recogidas durante la Santa Comunión. El orfanato estaba en Newcastle, en el norte del país, y por un tiempo estuvo dirigido por una de las grandes mujeres del metodismo, Grace Murray. Para ayudar a las personas que querían poner un negocio propio, Wesley desarrolló un fondo rotativo de préstamos con la idea de que los préstamos fuesen reembolsados al fondo a los tres meses. Según Wesley, el fondo ayudó a 250 personas en el curso de un año. Wesley creía que los préstamos eran realmente un préstamo al Señor a través de los pobres.

Los ministerios médicos eran parte importante de la misión wesleyana. Estaban a cargo de *«visitadores»* cuya labor era visitar a los enfermos en las 23 secciones en que estaba dividida la ciudad de Londres. Wesley encomendó esta tarea a 46 visitadores que tenían la responsabilidad de visitar a cada persona tres veces por semana, tomar información sobre sus enfermedades y obtener ayuda médica.

Wesley mismo tenía un interés especial en la medicina, y en sus ratos libres solía leer textos médicos. Realizó también estudios especiales de medicina cuando supo que iría de misionero a Georgia. Cuando descubrió que al pobre le era muy difícil conseguir atención médica adecuada en Inglaterra, decidió abrir clínicas en Londres y Bristol para dispensar medicinas él mismo con la ayuda de un farmacéutico y un cirujano experto. Optó por enfocar el problema de los enfermos crónicos y descubrió que muchas de las enfermedades consideradas como incurables podían en verdad curarse. Sintió que se dieron casos de sanación divina. Con el descubrimiento de la electricidad por Benjamín Franklin en el siglo XVIII, se hizo popular el tratamiento de enfermos con impactos eléctricos, y Wesley, con frecuencia, recomendaba este tratamiento. Durante sus viajes, usualmente oraba por los enfermos y sanaban. Muchas veces se vio en la necesidad de realizar lo que hoy conocemos como exorcismo y aprendió a distinguir entre enfermedades físicas, mentales y de posesión demoníaca. Aprendió también y desarrolló sensibilidad con respecto a la interconección entre la mente, las emociones y el cuerpo, y expresó sus críticas a los médicos que no podían ver cómo factores emocionales podían causar enfermedades físicas. En su consejería pastoral, hablaba a las personas sobre la acción de la providencia de Dios sobre sus enfermedades y sobre lo que Dios les estaba enseñando a través de su situación de enfermedad. Publicó un libro de medicina popular, _Medicina popular (Primitive Physic)_, que contenía remedios caseros para enfermedades diferentes. Sus remedios favoritos eran sobre dieta y ejercicios. Pensaba que los creyentes deberían ir donde médicos cristianos porque a menudo el don de sanidad que le fue dado por Dios a estos médicos era más importante en términos de sanación que su entrenamiento formal.

Wesley se interesaba igualmente por los ministerios educativos desde su estadía en Oxford, y ya vimos cómo los estudiantes de su grupo Club Santo habían contribuido para contratar a un profesor que enseñara a los niños pobres. Cuando, en 1739, Wesley aceptó la invitación de George Whitefield para comenzar un ministerio de predicación entre los obreros de las minas en la región de Bristol, asumió también la responsabilidad de organizar la escuela para los niños de los obreros que les había sido prometida. Esta escuela se convirtió en la famosa Escuela Kingswood, que aún existe. En otra ocasión, Wesley convirtió su propia casa en una escuela para niños pobres. Su filosofía educativa estaba basada en las enseñanzas de su madre Susana durante los años en Epworth, donde recibió su educación elemental. Le interesaba la educación popular y creía que sus ayudantes laicos y sus predicadores debían estudiar para continuar mejorando. Desarrolló un currículo de lectura para sus pastores y publicó un trabajo de 50 tomos titulado *La biblioteca popular,* en el que resumía y editaba los trabajos de los mejores escritores cristianos, comenzando con los *Padres Apostólicos* hasta los escritores de su época. Incluyó igualmente escritos de la antigüedad pagana que consideró valiosos. Como educador, tomó la decisión de escribir y hablar en una forma sencilla que todos pudiesen entender, y siempre publicó y diseminó sus sermones a un precio que los pobres pudiesen pagar.

El ministerio profético

Dios, según Wesley, había levantado al metodismo para reformar la iglesia y la nación y para difundir la santidad bíblica por todas partes. En cierto sentido, el avivamiento evangélico reformó a la nación y se ha dicho que, gracias a la influencia del avivamiento, Inglaterra se libró de una revolución violenta como la de Francia. La vida de los habitantes de comunidades enteras cambiaron y las condiciones de las comunidades cambiaron igualmente.

Wesley se convirtió en una especie de profeta social, interesado por la calidad de vida de la sociedad a la que pertenecía. Muestra de ese interés puede notarse a partir de su trabajo misionero en Georgia. Durante el tiempo que estuvo allí, investigó sobre el trato que daban los colonos ingleses a los indios americanos. Durante toda su vida escribió en la prensa sobre asuntos públicos y también en sus cartas a personas influyentes. Muchos de estos documentos están disponibles en el tomo VII de *Las Obras de Juan Wesley,* titulado *La vida cristiana.*

Desde el punto de vista político, Wesley era muy conservador. Siempre apoyó la monarquía representada por Jorge II y Jorge III, y la causa inglesa, a pesar de sus críticas frecuentes a la forma en que el Imperio Británico funcionaba y gobernaba. Ofreció sus servicios como capellán en el ejército en ocasión en que el país se vio amenazado de invasión extranjera. Escribió artículos contra la revolución de las colonias norteamericanas, entre ellos *Apacibles palabras a nuestras colonias americanas* (VII.129-143). Cuando estas palabras circularon por las colonias, los metodistas fueron objetos de suspicacia y tildados de traidores a la causa norteamericana, y el obispo Francis Asbury tuvo que esconderse por un tiempo.

En su evaluación de las malas condiciones sociales y económicas de Inglaterra, sin embargo, Wesley no fue nada conservador. Denunció públicamente elementos detrimentales de la vida nacional, juzgándolos según el criterios de los evangelios. Sus *Reflexiones sobre la presente escasez de comestibles* (VII.89-97) es un buen ejemplo de lo anterior. La culpa, dijo Wesley, es de la industria inglesa, porque utiliza grandes extensiones de terreno para cultivar granos para la producción de bebidas alcohólicas, y favorecer el nivel económico de las clases privilegiadas. En otras ocasiones, criticó las condiciones de Bedlam, uno de los principales hospitales mentales. Durante una guerra con Francia, desarrolló un ministerio entre los prisioneros franceses. Se opuso públicamente al contrabando y criticó a médicos y representantes de la justicia por cobrar unas sumas tan elevadas por sus servicios que resultaban prohibitivas para los pobres. Organizó un boicot contra el consumo de té porque su elevado precio estaba fuera del alcance de la gente pobre. Su crítica mas acerba, sin embargo, estuvo dirigida contra el tráfico de esclavos por parte de traficantes ingleses y norteamericanos. En sus *Reflexiones sobre la esclavitud* (VII.99-128) describe los horrores del sistema y clasificó la forma norteamericana del tráfico como *«la más vil de las esclavitudes»*. En la última carta que escribió, dirigida a William Wilberforce, para apoyarle y animarle en sus esfuerzos parlamentarios para prohibir la esclavitud, le decía: *«si Dios está con usted, ¿quién podrá contra usted?»* (XIV.300-301).

El uso del dinero

Un área especial de las enseñanzas económicas de Wesley estaba relacionada con la manera en que los cristianos deberían pensar sobre las bendiciones y peligros del dinero. En *Las Obras de Juan Wesley* encontramos por lo menos cuatro sermones que se refieren a este tema: *Sermón 50. El uso del dinero, Sermón 51. El buen mayordomo, Sermón 87. El peligro de las riquezas* y *Sermón 108. Acerca de las riquezas.* Estos sermones cubren un periodo de 30 años y reflejan una preocupación creciente, según Wesley observaba la continua prosperidad económica de la gente metodista. Consideraba que la pobreza extrema era una maldición, pero igualmente lo era la riqueza, porque representaba un peligro espiritual. Observó que las personas económicamente privilegiadas perdían su poder espiritual según aumentaba su bienestar económico, y convertían al dinero en su ídolo. Entendía que esta situación reflejaba muy bien las palabras de Cristo diciendo a los ricos que era más fácil para un camello pasar por el ojo de una aguja que para un rico entrar en el reino de Dios.

La solución ofrecida por Wesley con respecto al dinero se encuentra en el *Sermón 50: «gana todo lo que puedas»*, *«ahorra todo lo que puedas», «da todo lo que puedas»*. Una persona puede ganar todo lo que pueda en una profesión honesta. Deberá entonces guardar todo lo que pueda. Y, finalmente, deberá dar a los pobres todo lo que sobre después de cubrir las necesidades básicas suyas y de su familia. Poseer más de lo necesario es pecado y peligroso en términos espirituales. Todos los recursos físicos poseídos por los seres humanos les han sido prestados por Dios. Deberán los cristianos, por lo tanto, manejar con sabiduría esos recursos y devolver a Dios el préstamo recibido compartiendo con los pobres sus riquezas.

Documentos para lectura y reflexión

Primeras lecturas

-Sermón 24. El sermón en la montaña IV	(II.81-105)
-Sermón 74. La iglesia	(IV.81-95)
-Un informe claro	(V.217-250)
-Reflexiones sobre la presente escasez de comestibles	(VII.89-97)

Lecturas adicionales

La Iglesia:

-Sermón 16. Los medios de gracia	(I.315-341)
-Sermón 101. El deber de la comunión constante	(IV.219-233)
-Sermón 121. Los profetas y sacerdotes	(IV.281-292)
-Naturaleza, propósitos y normas generales de las Sociedades Unidas	(V.51-55)
-Reglamento de las Sociedades de Bandas	(V.57-60)
-Diario. 25 de agosto de 1763	(XII.159-160)

Ética social:

Véanse también las siguientes lecturas del *Índice* al final de cada tomo. Busque bajo los siguientes tópicos que aparecen en orden alfabético:

La Iglesia:

Ética social:

-abogados	-justicia. humana
-amor hacia otros	-Kingswood
-bebidas	-libertad. civil, religiosa
-caridad. obras de	-mamón
-comida	-mayordomía
-contrabando	-médicos
-crimen	-medicina
-desempleo	-medios de gracia. obras
-dinero	de misericordia
-educación	-misericordia. obras de
-enfermedades	-mujer
-esclavitud	-Norteamerica. Guerra
-escuelas	de Independencia
-familias	-pan
-guerra	-pena capital
-hambre	-pobres
-impuestos	-pobreza
-Inglaterra	-prisiones
-intemperancia	-riquezas
-Jorge II de Inglaterra	-tabaco
-Jorge III de Inglaterra	-trabajo
-juramentos	-visitas a los enfermos
	-voto democrático

Preguntas para reflexión y discusión

1. Wesley dijo que nadie puede ser cristiano «solitario». ¿Por qué no? ¿Cómo respondería usted a la persona que dice: no necesito ir a la iglesia; creo en Dios y puedo orar en mi casa; soy una buena persona y no le hago mal a nadie?

2. ¿Acepta usted la idea de Wesley de que Dios utiliza varios canales normales para tocar la vida de las personas? Les llamó *«medios de gracia»*. Si usted quiere, ¿podría compartir son su grupo un ejemplo de su propia experiencia que ilustre cómo Dios ha tocado su vida durante la oración, estudiando la Biblia o participando de la Santa Cena?

3. ¿Provee su iglesia el mismo compañerismo intenso que Wesley describe cuando habla de sus clases y bandas? Comparta con su grupo la manera en que su iglesia apoya a los que están tratando de seguir a Cristo.

4. Wesley dijo que el amor de Dios es para todos, cristianos y no cristianos. Pensaba que Dios había dado a todos ciertos derechos según la *«ley natural»*. ¿Cuáles son algunos de estos derechos? ¿En qué forma deberá la iglesia trabajar para que todos los seres disfruten de ciertos derechos básicos humanos?

5. Las sociedades metodistas en el tiempo de Wesley crearon ministerios directos para aliviar el sufrimiento humano. Describa cómo su iglesia responde a los sufrimientos de la gente.

6. Wesley creía que los cristianos deberían interesarse por los asuntos políticos, económicos y sociales de su nación. Para Wesley, su interés era resultado de su fe. Explique si usted está de acuerdo o no y diga por qué está o no está de acuerdo.

Sesión 9: La glorificación

Un resumen de las ideas de Wesley

La glorificación

Al iniciar este estudio, con la Sesión 1, oímos a Wesley decir que su único deseo era conocer el camino al cielo, cómo llegar a esa playa cuando tuviera que traspasar el umbral de la eternidad. Wesley descubrió que Dios mismo nos ha indicado el camino. Ésta fue la razón principal por la cual Dios envió a su Hijo a morar entre los seres humanos. Dios utilizó también un libro, la Biblia, para señalarnos ese camino. Por esto Wesley decía que él era un hombre de un solo libro. Toda su teología estuvo dedicada a ayudar a otras personas a transitar por el camino bíblico de la salvación, el cual empezaba con la salvación presente en esta vida y se realizaba en la plenitud de la salvación en el cielo. Wesley llamó a esta realización *glorificación»,* y todos los otros pasos en el proceso de salvación, como la gracia anticipante, convincente, justificadora y santificadora, llegaron a su meta en esta glorificación. Esto simplemente reflejaba lo que el Apóstol Pablo había dicho en Romanos 8.30: *«Y a los que predestinó, a éstos también llamó, y a los que llamó, a éstos también justificó, y a los que justificó, a éstos también glorificó».* Parte del significado de la salvación es que la imagen de Dios será completamente restaurada en el creyente y él o ella podrá habitar con Dios y participar de su gloria.

Tenemos que recordar que, para Wesley, el primer significado de la fe es *«la convicción de lo que no se ve»* (He. 11.1). Esto revela al creyente las cosas que son pasado, futuro o espiritual. Ya hemos visto cómo la fe ilumina el significado de Cristo en el pasado y como el Espíritu Santo ilumina la condición del creyente en el presente. Veremos ahora, en esta sesión, cómo la fe revela al creyente lo que Dios contempla en sus planes para el futuro. La fe otorga el privilegio al creyente de poder entender estos planes que la Biblia describe. El futuro que Dios tiene guardado para la humanidad es solamente una parte de la esperanza cristiana. Aun lo que Dios ha revelado no está muy claro y Wesley tiende a ser cauteloso al hablar sobre esto, a pesar de que dedicó bastante tiempo a reflexionar sobre lo que pasaría en el futuro.

Es en este punto donde el destino del individuo se convierte en parte del destino de la creación completa, y donde la glorificación individual del creyente se convierte en parte del futuro de todas las criaturas. En la teología sistemática este proceso se llama «escatología», que es el estudio del final del mundo como lo conocemos y lo que Dios hará finalmente para restaurar su creación. En la próximas secciones vamos a tratar algunos de los otros temas básicos de la escatología de Wesley.

El estado intermedio

En el momento de la muerte, el destino futuro y permanente de una persona queda sellado. La clase de vida que la persona haya tenido en la tierra determinará si está salvada o condenada. Es por esto que es tan urgente que la persona nazca de nuevo a una vida de santidad *«sin la cual nadie verá al Señor»* (He. 12.14). Cuando llega la muerte, el alma y el cuerpo de la persona se separan y el alma va o al paraíso o al infierno.

Wesley dice que no existe ningún fundamento bíblico de que el alma del justo va directamente al cielo, debido a que la resurrección final de los muertos todavía no ha tenido lugar.

Entre el momento de la muerte y el de la resurrección final, nos dice Wesley, el alma pasa por un estado intermedio que la Biblia llama paraíso, que es como la *«antesala»* del cielo. Es un estado feliz pero todavía preparatorio para la gran felicidad del cielo.

Lo importante de todo esto es que Cristo está en el paraíso y que la presencia continua de Dios brilla allí. El paraíso es el jardín de Dios donde el justo aprenderá a conocer más sobre la naturaleza de Dios y de sus obras de creación, providencia y redención. El alma no tendrá un cuerpo carnal y, aunque no sabemos cómo será el alma, Wesley cree que estará vestida de un cuerpo espiritual y que las personas podrán reconocerse entre sí. En el paraíso se podrá también compartir con aquellos antiguos héroes de la fe como Abraham, Moisés, los profetas, apóstoles y los santos.

Es importante aclarar que este estado intermedio no tiene nada que ver con la doctrina del purgatorio de la Iglesia Católica Romana. Esta doctrina católica romana enseña que las almas de los justos, al no estar libres de todos sus pecados, tienen que pasar por el fuego del purgatorio para ser completamente purificadas. Wesley responde a estas ideas diciendo que la Biblia no enseña nada sobre esta doctrina del purgatorio, mientras que sí enseña sobre la existencia del paraíso. No existe ninguna clase de condenación para aquellos que creen en Cristo y aquellos que él justifica y glorifica directamente. Ningún sufrimiento humano puede expiar el pecado, solamente el poder de la muerte de Cristo. El único fuego que puede purificar el alma es el amor, lo mismo aquí que en la eternidad.

El destino de la persona injusta es muy diferente. A la hora de la muerte, el injusto se encuentra con el diablo y sus ángeles y es atado a cadenas de oscuridad mientras espera el juicio final. También podría pasar el tiempo de espera en estado de inquietud, en búsqueda siempre de un sitio para descansar.

El gran tribunal

Wesley presenta el gran Día del Juicio como el evento central en los planes de Dios para la restauración final de todas las cosas *(Sermón 15)*. Es aquí donde el destino final de todas las personas se realizará y la sentencia final de justificación o condenación se llevará a cabo. Este día será precedido por grandes señales en la tierra; por ejemplo, terremotos. También será precedido por la segunda venida de Cristo y la resurrección general de los muertos. Wesley dice que, en el momento de la resurreción general, las almas y los cuerpos de los muertos volverán a reunirse. Serán los mismos cuerpos que cada persona tuvo en la tierra, pero los cuerpos de los cristianos estarán ahora glorificados. Esto quiere decir que habrán logrado la inmortalidad y están libres de la corrupción del cuerpo que introdujo el pecado en el mundo. Son similares al cuerpo glorificado de Cristo y participarán en Cristo de su gloria y poder. Serán cuerpos espirituales, instrumentos perfectos para el alma, para que así puedan llevar a cabo las tareas que Dios tiene para ellos.

Cristo será el juez en ese gran día del juicio, el cual se conoce en la Biblia como *«el día del Señor»*. Este día durará probablemente varios miles de años por la cantidad de personas que serán juzgadas. Según son llamados por el juez, tienen que presentar un informe de sus obras, que incluye todas las palabras que dijeron. No hay cómo escapar de esta realidad, porque Dios conoce aun las intenciones secretas de toda alma humana. Éste es el tiempo que Wesley llamó *«justificación final»*, que no debe ser confundido con la justificación por la fe, la cual es parte del proceso de la salvación presente en la tierra. En esta etapa final de evaluación de la persona, la santidad es muy importante. Esta santidad incluye sus buenas obras.

Habrá dos grupos frente al Señor. Los justos estarán a su mano derecha y los injustos, a su mano izquierda. Las obras buenas y malas de los justos serán hechas públicas. Ahora sus obras malas no se usarán para su condenación, sino para glorificar la providencia de Dios. Servirán de ejemplo de cómo Dios obra para liberar a los justos. Las obras malas de los que están al lado izquierdo del Señor también serán hechas públicas, pero éstas servirán para la condenación de los injustos. La sentencia final será entonces dictada. Los que estén en el lado derecho del Señor gozarán de la vida eterna en el nuevo cielo y la nueva tierra, mientras que los que estén a su lado izquierdo serán echados al infierno por toda la eternidad.

El infierno es un sitio terrible, *«donde el gusano de ellos no muere, y el fuego nunca se apaga»* (Mr. 9.48). El motivo principal del avivamiento evangélico metodista fue para rescatar a las personas de la experiencia del infierno. El único criterio para admitir personas en las sociedades metodistas era *«el deseo de huir de la ira venidera y de ser salvos de sus pecados»* (V.52). Wesley sintió que era su deber como predicador llamar la atención de sus oyentes con respecto a la naturaleza del infierno como una forma de impedir que se alejaran del camino de la salvación que la Biblia enseña.

El nuevo cielo y la nueva tierra

Después del juicio final, la tierra y los cielos que ahora existen serán destruidos por el fuego y Dios creará un nuevo cielo y una nueva tierra *(Sermón 64)*. Wesley presenta algunas especulaciones interesantes sobre los nuevos cielos y la nueva tierra. En la naturaleza inanimada, aquellas cosas que producen daño dejarán de existir. En el firmamento no habrá estrellas que exploten ni cometas peligrosos que pasen cerca. En la región de la atmósfera o los cielos bajos no habrá más huracanes ni tormentas. Todos los elementos tendrán nuevas cualidades y el fuego ya no será una fuente destructiva. La lluvia cesará, pero en la tierra las aguas serán puras y el mar regresará a sus cauces originales. Ni el calor ni el frío extremo existirán, ni habrá más terremotos. La tierra no producirá más espinas ni cardos y se convertirá en un paraíso.

La renovación de todas las cosas incluye la naturaleza animada también. Wesley señala que esta liberación general incluye a todas las criaturas inferiores. Ellas estarán también libres de la muerte. Todos los animales vivirán en paz los unos con los otros y la crueldad de los seres humanos contra ellos desaparecerá. Los nuevos cielos y la nueva tierra es el destino final de aquellas personas que han sido salvadas por la fe en Cristo. Es un estado de felicidad y santidad completa en permanente comunión con Dios. Es la plenitud de la glorificación.

Documentos para lectura y reflexión

Primeras lecturas

-*Sermón 15. El gran tribunal*   (I.289-313)

-*Sermón 64. La nueva creación*   (IV.19-30)

-*Carta. A Mary Bishop. 17 de abril de 1776* (XIV.132-134)

Lecturas adicionales

-*Un catecismo católico romano.*   (VIII.196-200)
  II. Preguntas 20-24

-*Una vision desapasionada del catolicismo* (VIII.252)
  romano. II.5

-Himnos
  63. Vendrá el Señor, y temblará la tierra
  64. Luz de los que en sombra moran
  65. Ved del cielo descendiendo (IX.304-306)
-Notas. Mateo 24 (IX.383-386)
-Notas. Lucas 16.19-31 (IX.461-463)
-Notas. Romanos 8.14-24 (X.112-113)
-Notas. 1 Corintios 15 (X.178-184)
-Notas. Hebreos 9.27 (X.356)

Véanse también las siguientes lecturas del *Índice* al final de cada tomo. Busque bajo los siguientes tópicos que aparecen en orden alfabético:
-alma, eterna
-cielo
-creación nueva
-escatología
-esperanza, de inmortalidad
-eternidad
-felicidad, eterna
-hades
-infierno
-juicio, divino, final
-materia, ¿eterna?
-muerte física
-paraíso
-Reino de Dios
-Reino de los cielos
-resurrección
-salvación, final, futura, universal
-tierra, nueva
-vida futura

Preguntas para reflexión y discusión

1. Cuando decimos que los cristianos serán *«glorificados»*, ¿qué quiere decir esto? (Rom. 8.17, 30).

2. La mayoría de los cristianos creen que, al morir, sus almas van a ir directamente al cielo. Wesley dice que esto no es una enseñanza bíblica, pero sí dice que el alma va al paraíso, que es un estado intermedio entre la muerte y la resurrección final general. Solamente después del juicio final es que el alma puede tener acceso al cielo. La idea del paraíso no es la misma idea del purgatorio de la Iglesia Católica Romana. ¿Qué cree usted de esta idea del estado intermedio? ¿Deberíamos predicar esto en nuestras iglesias?

3. ¿Cree usted, como creía Wesley, que solamente las personas verdaderamente santas verán a Dios? (He. 12.14). ¿Es realmente importante nacer de nuevo para poder entrar al Reino de Dios? (Jn. 3.3, 5).

4. La gran motivación de Wesley para evangelizar fue su interés en ayudar a las personas a *«huir de la ira venidera»* (Mt. 3.7). ¿Cuál debe ser nuestra motivación para evangelizar?

5. Wesley dijo que los nuevos cielos y la nueva tierra también querían decir que la crueldad de los seres humanos hacia los animales cesaría. Esto quiere decir que la crueldad hacia los animales es una manifestación del pecado. ¿Cree usted que la voluntad de Dios incluye también la forma en que nosotros tratamos a los animales?

6. ¿Cuál piensa usted que es el significado de la idea de la esperanza cristiana?

Apéndice 1

Algunas controversias importantes

En diferentes épocas de su vida, Wesley tuvo que enfrentar algunas controversias doctrinales impulsadas todas por su actitud pastoral hacia la salud espiritual de su gente. No vamos a poder explicarlas todas en detalle, pero nos gustaría mencionar cuáles son y en qué lugar de *Las Obras de Juan Wesley* podrá el lector interesado encontrar y examinar esta literatura. En las sesiones de estudio hemos evitado mencionar en detalle estas controversias porque nuestra prioridad ha sido presentar resumidas las enseñanzas positivas de Wesley sobre un tópico en particular. Los documentos básicos sobre estas controversias se encuentran en el tomo VIII, *Tratados teológicos,* de *Las Obras de Juan Wesley,* pero también se pueden encontrar referencias a ellas dispersas en diferentes tomos. Un buen lugar para comenzar la lectura es en la última parte de la *Introducción* al tomo VIII, escrita por el Dr. Justo L. González (VIII.12-19), donde él resume las ideas de Wesley. Esencialmente, estas controversias son tres: con el catolicismo romano, con el calvinismo y con el antinomianismo. Debemos mencionar igualmente que Wesley también tenía sus diferencias con los moravos.

Los documentos básicos relacionados con **el catolicismo romano** son los siguientes:

-*Carta a un católico romano* (VIII.169-179)

-*Un catecismo católico romano tomado* (VIII.181-243)
 fielmente de los textos autorizados
 por la Iglesia de Roma

-*Una visión desapasionada del* (VIII.245-274)
 catolicismo romano

Véase también estos tópicos en el *Índice* al final de cada tomo: *catolicismo romano; celibato; jesuitas; Pedro, el apóstol; Trento, Concilio de; Virgen María.* Véase también las dos cartas a sus sobrinos Charles y Samuel del año 1784 (XIV.211-215).

Los documentos sobre los debates de Wesley con **el calvinismo**, especialmente con los calvinistas ingleses, son:

-*La predestinación; una reflexión*   (VIII.275-363)
   desapasionada

-*Reflexiones acerca de la perseverancia*   (VIII.395-417)
   de los santos

-*La pregunta: «¿Qué es un arminiano»*   (VIII.425-429)
   contestada por un amante de la gracia

-*Reflexiones acerca de la soberanía*   (VIII.431-434)
   de Dios

Véase también *Notas. Romanos 8.28-33* (X.114-116); *Romanos 9-11* (X.117-128) y *1 Pedro 1.2* (X.384-385).

Véase también los siguientes tópicos en el *Índice* al final de cada tomo: *arminianismo; perseverancia de los santos; predestinación.* Wesley se consideraba un *arminiano* y explica lo que esto quiere decir en el tercer documento de la lista anterior.

Los documentos relacionados con el **antinomianismo** son dos:

-*Conversaciones entre un antinomiano*   (VIII.365-380)
   y su amigo

-*Segunda conversación entre*   (VIII.381-393)
   un antinomiano y su amigo

Este segundo documento contiene un buen resumen de las ideas de Wesley sobre el lugar que ocupa la ley de Dios en la vida del cristiano.

El debate sobre el antinomianismo refleja ciertas tendencias que muchos de los amigos **moravos** de Wesley creían, como también los calvinistas y aun los metodistas. Mucho de lo que Wesley dice en los dos documentos anteriores puede ser aplicado a sus controversias con los moravos, especialmente el grupo inglés con el que él se identifico originalmente. Sobre los moravos, véase también: *Diario 4* (XI.133-148) y su *Carta. Al Revdo. Benjamin Ingham. 8 de septiembre de 1746* (XIII.187-191). Véase también estos tópicos en el *Índice* al final de cada tomo: *Herrnhut, asiento moravo en; moravos; quietismo; Zinzendorf, Conde Nikolaus Ludwig von.*

Apéndice 2

Algunos eventos mayores en la vida de Juan Wesley

1703	17 de junio	Nacido en Epworth, decimoquinto hijo de Samuel y Susana Wesley
1709	9 de febrero	Salvado del incendio de la rectoría en Epworth
1711	12 de mayo	Nominado para asistir a la Escuela de Charterhouse por el duque de Buckingham
1714	28 de enero	Entró en la Charterhouse como estudiante
1720	24 de junio	Entró en Christ Church, Universidad de Oxford
1724	¿verano?	Se graduó de bachillerato
1725	5 de abril	Comenzó a escribir un diario
1725	19 de sept.	Ordenado diácono por el Dr. John Potter, Obispo de Oxford
1726	17 de marzo	Elegido socio (*«fellow»*) de Lincoln College, Oxford
1727	14 de febrero	Se graduó de maestría
1728	22 de sept.	Ordenado sacerdote por el Dr. Potter
1729	22 de nov.	Después de servir como ayudante de su padre, volvió a Lincoln College como tutor
1735	5 de abril	El Rev. Samuel Wesley, padre, muere en Epworth a la edad de 72 años

1735	14 de oct.	Se embarcó para Georgia; escribió la primera entrada de la selección que hizo para el «Diario» que publicó luego
1736	6 de febrero	Desembarcó en Georgia, Norteamérica
1737	18 de abril	Las pruebas corregidas para «Una colección de salmos e himnos», Charleston, Carolina del Sur, llegó a sus manos
1737	22 de dic.	Regresó a Inglaterra. Llegó el 1 de febrero, 1738
1738	1 de mayo	Con Peter Böhler formó la Sociedad de Fetter Lane, Londres
1738	24 de mayo	Sintió «un extraño ardor» en su corazón
1738	13 de junio	Hasta el 16 de sept. visitó a los moravos en Herrnhut
1739	2 de abril	Comenzó a predicar al aire libre en Bristol, siguiendo el ejemplo de Jorge Whitefield
1739	3 de junio	Predicó por primera vez en el New Room, Bristol
1739	6 de nov.	Murió el Rev. Samuel Wesley, hijo, a la edad de 49 años
1739	11 de nov.	Predicó en las ruinas de la Foundery, Londres
1742	15 de febrero	Primeras «clases» establecidas en Bristol

1742 30 de julio   Murió la Sra. Susana Wesley
                     en la Foundry, Londres,
                     a la edad de 73 años

1743 23 de febrero Escribió «Naturaleza, propósitos
                     y normas generales de las
                     Sociedades Unidas»

1743 29 de mayo   Dirigió el primer servicio de
                     comunión de los metodistas en la
                     Capilla alquilada de West Street,
                     Londres

1744 25 de junio   Primera Conferencia metodista
                     en Londres, hasta el 30 junio

1746 6 de nov.   Publicó el primer tomo
                     de sus «Sermones
                     predicados en varias ocasiones»

1747 9-27 de   Su primera visita a Irlanda
      agosto

1748 24 de junio   La apertura de la nueva Escuela
                     de Kingswood

1751 17 o 18   Se casó con la viuda Mary Vazeille
      de junio

1756 14 de mayo   Publicó «Notas al Nuevo Testamento»

1769 4 de agosto   Envió a Norteamérica
                     a dos predicadores
                     metodistas itinerantes

1778 enero   Comenzó su «Revista Arminiana»,
                     publicada mensualmente

1788 1 de nov.   Abrió la New Chapel en City Road,
                     Londres

1780	1 de mayo	Publicó «Una colección de himnos para el uso del pueblo llamado metodista»
1781	8 de oct.	Murió la señora Wesley a la edad de 71 años
1784	28 de febrero	Incorporó legalmente la Conferencia Metodista
1784	1-2 de sept.	Ordenó predicadores para los Estados Unidos de América
1784	9 de sept.	Escribió el prefacio a «El servicio dominical de los metodistas en Norteamérica»
1788	29 de marzo	Murió el Rev. Carlos Wesley a la edad de 79 años
1791	24 de febrero	La última entrada de su «Diario»
1791	2 de marzo	Murió el Rev. Juan Wesley en su casa, en Londres, a la edad de 87 años y fue enterrado el 9 de marzo

Datos biográficos

Los esposos Celsa Garrastegui y William Jones han pasado la mayor parte de su vida profesional en el ministerio cristiano en América Latina y en ministerios bilingües en los Estados Unidos. Ella nació en Puerto Rico y es bibliotecaria profesional. Él nació en el estado de Iowa, en los Estados Unidos, y es ministro ordenado de la Iglesia Metodista Unida, y miembro de la Conferencia Anual de la Florida.

Pasaron 11 años como misioneros en el Perú y 10 años en el Seminario Evangélico de Puerto Rico, donde ella sirvió de directora de la biblioteca y él como profesor de teología e historia de la iglesia. El Dr. Jones también sirvió como maestro por 15 veranos en la Escuela del Curso de Estudio en el Seminario Teológico de Garrett-Evangelical en Evanston, Illinois.

En los útimos años han vivido en la ciudad de Miami, sirviendo en varias iglesias en un ambiente bicultural. Han participado activamente en el programa del Plan Nacional de Ministerio Hispano. Formaron parte del equipo de traductores de Las obras de Juan Wesley. Se jubilaron en el año 1995 y últimamente han participado en ministerios de corto alcance en el Perú, México y Cuba.